子どもと教師の未来を拓く総合戦略

55

アクティブ・ラーニングから
GIGAスクールまで

甲南女子大学教授　村川雅弘 著

教育開発研究所

はじめに

いきなり私事で申し訳ないが、2021年のGW期間中に、初めて「ホールインワン」を達成した。アゲインストの風の中、159ヤードを22°のユーティリティで沈めた。その記念に今回、「オールインワン」の書籍刊行に踏み切った（笑）。

2019年度末から2021年度にかけて、学校現場はいまだかつて経験したことのない未曽有の事態に陥っている。10年に一度の学習指導要領改訂には慣れっことしても、「育成を目指す資質・能力」「主体的・対話的で深い学び」「カリキュラム・マネジメント」「社会に開かれた教育課程」「各教科等の見方・考え方」等々、聞き慣れないキーワードのオンパレードに戸惑いも大きい。その本格実施の直前・直後に新型コロナウイルス感染拡大にかかわる感染対策とその制約下での学びの保障、GIGAスクール構想の実現に向けての取り組みが加わった。本書はこれらを繋げて考え、その実現を図るための「オールインワン」の戦略本である。

学習指導要領の改訂作業が本格化し始めた2016年度より、ぎょうせいの月刊教育雑誌『教育課程ライブラリ』（その後、何度か改名、2020年度より隔月発行）の連載を担当し、特集原稿も含めて、計62本を執筆した。また、教育開発研究所の月刊誌『教職研修』等の原稿を合わせると70本以上に上る。資質・能力、アクティブ・ラーニング（後に、主体的・対話的で深い学び）、カリキュラム・マネジメント、教員研修、教員養成、総合的な学習の時間、感染症対策と学びの保障、GIGAスクール構想など、その時々の重要課題を取り上げ、研究や指導を通してかかわった素晴らしい実践を通して解説や事例紹介を行ってきた。

この期に書き溜めてきたことは多様であるが、筆者の中では繋がっている。講演や講義、学校現場指導の際にもそう伝えてきた。繋げて考え取り組むことで、多くの課題が相伴って解消されていく。そのことを多くの教育関係者に伝えたい、分かって欲しいと願い、本書刊行を企画した。

序章では今次改訂及びコロナやGIGAスクール構想等にかかわる諸課題を一つの図に表し、相互の関連を描いている。様々な課題を繋げて考える際の参考にしていただくとともに、図中の該当項目の表示を目次としても活用していただきたい。1章では、資質・能力や見方・考え方及びその評価の考え方・あり方を具体事例を挙げて筆者なりに解説している。2章では、アクティブ・ラーニング（主体的・対話的で深い学び）の捉え方、資質・能力の3

つの柱を踏まえた授業づくりモデルを小中の事例をもとに提案するとともに、主体的・対話的で深い学びの授業づくり研修を紹介している。3章では、前回の単著『ワークショップ型教員研修　はじめの一歩』（教育開発研究所、2016年）以降に開発・実施した研修（教員免許状更新講習を含む）や大学授業の工夫事例を取り上げている。新学習指導要領が求める教育活動実現及び教員に求められる資質・能力育成のための研修づくりの参考となる。4章では、学校や学級、教科等のカリキュラム・マネジメントの好事例及び企業のビジョンやミッション、スポーツチーム運営をカリキュラム・マネジメントの視点から分析した事例を紹介している。カリキュラム・マネジメントの意義を再確認するとともに視野を広げていただけるだろう。5章では、カリキュラム・マネジメントの核である総合的な学習の時間の充実により学校改革をなしえた事例とその実現に向けた研修などについて述べている。6章では、コロナ禍の中においても子どもが主体となり体験的な活動を充実させた事例やGIGAスクール構想の実現に向けた授業づくりや研修について触れている。最終項では、「教師はコースメニュー（単元）を作れる一流のシェフ」と提言しているが、それは筆者自身についても言える。講演でも講義でも原稿でも、最も重要なことは素材である。話の上手さや構成以前に、新鮮（時機を得た）で栄養価の高い（学びの大きい）素材が重要である。書籍に関しても同様である。本章で紹介している事例の殆どは、教師や子ども、指導主事や研究者など多くの人たちと時間をかけて丁寧に育て上げてきたものである。また、全幅の信頼をおく敏腕シェフである山本哲也淡路市教育長（前淡路市立志筑小学校長）と清水仁新宿区立落合第三小学校長、八釼明美知多市立旭東小学校教頭にも「寄稿」として逸品を提供していただいた。一つひとつをじっくりと味わっていただきたい。

　本書刊行にあたっては、前回の単著刊行にもお骨折りいただいた教育開発研究所の山本政男氏にご理解いただき、実現することができた。また、大半を占める原稿の再利用を快諾していただいた株式会社ぎょうせい及び萩原和夫氏にもこの場を借りてお礼を申し上げたい。

　学校教育は現時点（2021年6月）でも、まさに先の見えない中を試行錯誤を繰り返しながら突き進んでいる。考えなければならないこと、取り組むべきことは限りない。一つの区切りとして一旦まとめることとしたが、終章でも述べているように、今後は別の形でホットな情報や事例を発信していきたい。

令和3（2021）年6月　村川　雅弘

🌳 第4章　カリキュラム・マネジメントの実現戦略

🌳 第5章　総合的な学習の時間の充実と地域創生

🌳 第6章　コロナとGIGAスクール構想

🌳 終章

《著者の主な著書・編著（2001年以降）》

書名	著者・編者	出版社	出版年/ISBN
withコロナ時代の新しい学校づくり 危機から学びを生み出す現場の知恵	村川雅弘編著	ぎょうせい	2020/ 978-4-324-10902-1
学力向上・授業改善・学校改革　カリマネ100の処方	村川雅弘編集	教育開発研究所	2018/ 978-4-87380-496-5
これからの教育課程とカリキュラム・マネジメント	吉冨芳正・村川雅弘ほか編著	ぎょうせい	2020/ 978-4-324-10792-8
学びを起こす授業改革　困難校をトップ校へ導いた"大岱システム"の奇跡	村川雅弘・田村知子ほか編著	ぎょうせい	2011/ 978-4-324-09256-9
カリキュラムマネジメント・ハンドブック	田村知子・村川雅弘ほか編著	ぎょうせい	2016/ 978-4-324-10083-7
「カリマネ」で学校はここまで変わる！	村川雅弘・野口徹・田村知子ほか編著	ぎょうせい	2013/ 978-4-324-09718-2
ワークショップ型教員研修　はじめの一歩	村川雅弘著	教育開発研究所	2016/ 978-4-87380-470-5
実践！アクティブ・ラーニング研修	村川雅弘編著	ぎょうせい	2016/ 978-4-324-10179-7
「ワークショップ型校内研修」充実化・活性化のための戦略＆プラン43	村川雅弘編集	教育開発研究所	2012/ 978-4-87380-613-6
「ワークショップ型校内研修」で学校が変わる　学校を変える	村川雅弘編集	教育開発研究所	2010/ 978-4-87380-547-4
小学校外国語活動のための校内研修パーフェクトガイド	村川雅弘・池田勝久編集	教育開発研究所	2010/ 978-4-87380-548-1
授業にいかす　教師がいきる　ワークショップ型研修のすすめ	村川雅弘編著	ぎょうせい	2005/ 4-324-07649-9
総合的な学習の時間の指導法	村川雅弘・藤井千春・野口徹ほか編著	日本文教出版	2018/ 978-4-536-60106-1
「知の総合化ノート」で具体化する21世紀型能力	村川雅弘・三橋和博編著	学事出版	2015/ 978-4-7619-21104-0
教科と総合の関連で真の学力を育む	村川雅弘・野口徹編著	ぎょうせい	2008/ 978-4-324-08460-1
総合的な学習　充実化戦略のすべて	村川雅弘・酒井達哉編著	日本文教出版	2006/ 978-4-783-03007-2
子どもたちのプロジェクトS「総合的な学習」―8つの熱き挑戦！	村川雅弘編集	NHK出版	2002/ 4-14-080725-3
生活科　新たなるステージへ	村川雅弘・中山洋司・和田信行編著	日本文教出版	2009/ 978-4-536-60003-3
「確かな学力」としての学びのスキル	村川雅弘編著	日本文教出版	2004/ 4-7830-4029-X
授業研究のフロンティア	吉崎静夫監修、村川雅弘・木原俊行編著	ミネルヴァ書房	2019/ 978-4-623-08557-6
教育実践論文としての教育工学研究のまとめ方	吉崎静夫・村川雅弘編著	ミネルヴァ書房	2016/ 978-4-623-07440-2
「生きる力」を育むポートフォリオ評価	村川雅弘編著	ぎょうせい	2001/ 978-4-324-06374-3
豊かな学びをはぐくむ　ジャストスマイル活用メニュー	村川雅弘編集	ジャストシステム	2005/ 4-88309-275-5

◆序章◆

◆序章◆

未知の次代に向けての課題に総合的・戦略的に取り組む

今次改訂の基盤となったのは、中教審の論点整理（2015年8月）である。それ以降、聞きなれない言葉が多数飛び交い、その理解やその実現に向けて学校や教職員に戸惑いが見られたのは確かである。小学校が新学習指導要領の本格実施を始めようしていた矢先に、新型コロナウイルスの感染が拡大し、全国一斉の臨時休業要請が発令され、その後も学校再開、**感染対策と学びの保障の両立、GIGAスクール構想の実現**も加わり、学校現場の模索は続いている（2021年6月現在）。

この数年、執筆や講演を通して述べてきたことであるが、今次改訂の提案・提言は2008年学習指導要領の延長線上にあり、歩む速さは異なれども全ての教職員、学校は「道半ばにいる」と考えている。自己及び自校の実践を見直し、新学習指導要領が目指す授業や学校がどの程度実現しつつあるのか、どうすればより一層の充実が望めるかを考えたい。

まず、「**育成を目指す資質・能力**」はこれまで提言されてきた「**生きる力**」を子どもの姿としてより具体的に示したものであり、1998年創設の総合的な学習の時間のねらい（その後の目標）と同義と捉えることができる。新しい学習評価の観点にも繋がるものである。

また、「**主体的・対話的で深い学び**」は2008年学習指導要領が目指した「**言語活動の充実**」の延長線上にある。

> 【生きる力】
> 　変化が激しく、新しい未知の課題に試行錯誤しながら対応することが求められる複雑で難しい次代を担う子供たちにとって、将来の職業や生活を見通して、社会において自立的に生きるために必要とされる力
> 　　　　（中教審答申：2008年1月17日）

> 【資質・能力の3つの柱】
> ①「何を理解しているか、何ができるか（生きて働く『知識・技能』の習得）」
> ②「理解していること・できることをどう使うか（未知の状況にも対応できる『思考力・判断力・表現力等』の育成）」
> ③「どのように社会・世界と関わり、よりよい人生を送るか（学びを人生や社会に生かそうとする『学びに向かう力・人間性等』の涵養）」
> 　　　　（中教審答申：2016年12月21日）

例えば、次頁の資料1はご存じだろうか。「**思考力・判断力・表現力等を育むための学習活動の分類**」である。2008年1月17日の中教審答申のなかで示された。この10年余り、講演等で時折この資料を示して「ご存知です

か」と尋ねることがある。残念なことに、この存在さえ知らない教員は少なくない。実は、2008年学習指導要領の下で授業改善を図り、学力を伸ばした学校は小学校、中学校、高等学校を問わず、何れも**言語活動の充実**を図ってきた^(注)。改めて自分の学級や自校の授業をこの「言語活動の充実」のための分類例と照

資料1

思考力・判断力・表現力等を
育むための学習活動の分類

①体験から感じとったことを表現する
②事実を正確に理解し伝達する。
③概念・法則・意図などを解釈し、説明したり活用したりする。
④情報を分析・評価し、論述する。
⑤課題について、構想を立てて実践し、評価・改善する。
⑥互いの考えを伝え合い、自らの考えや集団の考えを発展させる。

らし合わせて見直しておきたい。必ずや部分的に取り組まれているはずである。

　新学習指導要領の総則のなかに、教科横断的な視点に立った資質・能力の一つとして「**学習の基盤**」という言葉が使われている。要素として「**言語能力、情報活用能力（情報モラルを含む）、問題発見・解決能力等**」を挙げており、「言語活動の充実」に繋がるものである。自己及び学校の授業において、それがどの程度実行されているのか、「**主体的・対話的で深い学び**」の基盤となる「**受容的な人間関係づくり**」や「**学習規律・学習技能の育成**」などが学校全体でどの程度図られ、定着しているかを再確認したい。

「**カリキュラム・マネジメント**」では3側面が示されている。**教科横断的な視点に基づく授業改善、PDCAサイクルの確立、校内外の人的・物的資源の活用**である。一つ目と三つ目は総合的な学習の時間で既に行われてきたことである。その経験や実績を踏まえ教育課程全体にどう広げていくかを考えたい。二つ目に関しても既に**全国学力・学習状況調査**を中心に、全校的に教育活動の見直し・改善が行われてきた。さらに授業改善及び授業研究の充実によるPDCAサイクルの日常化を目指したい。

「**社会に開かれた教育課程**」に関しても総合的な学習の時間でこれまで展開してきたことである。先行き不透明な次代を生き抜くために必要な資質・能力の育成には、家庭や社会の理解と協力が必要である。総合的な学習の時間の経験や実績を踏まえ教育課程全体を視野に入れ取り組みたい。

　これらに加えて、新型コロナウイルス感染症対策と学びの保障の両立、GIGAスクール構想の実現が加わったのである。

図

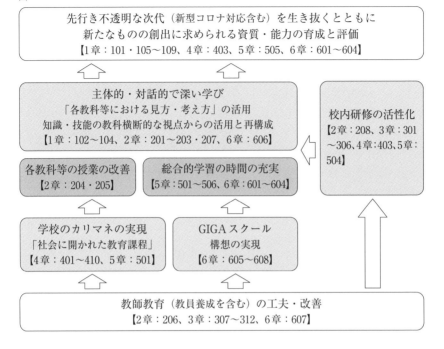

先行き不透明な次代（新型コロナ対応含む）を生き抜くとともに
新たなものの創出に求められる資質・能力の育成と評価
【1章：101・105～109、4章：403、5章：505、6章：601～604】

主体的・対話的で深い学び
「各教科等における見方・考え方」の活用
知識・技能の教科横断的な視点からの活用と再構成
【1章：102～104、2章：201～203・207、6章：606】

校内研修の活性化
【2章：208、3章：301
～306、4章：403、5章：
504】

各教科等の授業の改善
【2章：204・205】

総合的学習の時間の充実
【5章：501～506、6章：601～604】

学校のカリマネの実現
「社会に開かれた教育課程」
【4章：401～410、5章：501】

GIGAスクール
構想の実現
【6章：605～608】

教師教育（教員養成を含む）の工夫・改善
【2章：206、3章：307～312、6章：607】

　筆者は、これらすべてのものが繋がっており、むしろ繋げて考え取り組ん
でいくことを推奨している。その意味において、本書は学校教育にかかわる
諸課題を関連的に捉え総合的に対処していくための戦略本である。
　本書の内容の関連を示したのが上の図である。相互の関係を簡単に示す。
　まず、子どもたちには2019年度末からの新型コロナ対応を含む先行き不
透明な次代を生き抜くと共に、AI時代を迎えるなかで異なる多様な他者と
分野を超えて繋がり新たなものを協働的に作り出す「**資質・能力の育成とそ
れに伴う評価**」の工夫が求められている。主に1章と6章（前半：コロナ対
応）で触れている。
　求められている資質・能力の育成の鍵を握るのが「**主体的・対話的で深い
学び**」であり、「**各教科等における見方・考え方**」と「**知識・技能の教科横
断的な視点からの活用と子ども自身による再構成（知の総合）**」を授業のな
かで実現することが求められる。主に、1章と2章で筆者なりに解説すると
ともに、「**資質・能力の3つの柱を意識した単元・授業モデル**」（203項）を

資料２

課題	書名	著者・編著名	出版社、出版年
学校のカリキュラム・マネジメント	学力向上・授業改善・学校改革カリマネ100の処方	村川雅弘編集	教育開発研究所 2018年
地域のカリキュラム・マネジメント	教育委員会・学校管理者のためのカリキュラム・マネジメント実現への戦略と実践	村川雅弘・吉冨芳正・田村知子・泰山裕編著	ぎょうせい 2020年
校内研修	ワークショップ型研修 はじめの一歩	村川雅弘著	教育開発研究所 2016年
コロナ対応	witコロナ時代の新しい学校づくり 危機から学びを生み出す現場の知恵	村川雅弘編著	ぎょうせい 2020年
総合的な学習の時間	総合的な学習の時間の指導法	村川雅弘・藤井千春・野口徹・酒井達哉・原田三朗・石堂裕編著	日本文教出版 2018年
知の総合化	「知の総合化ノート」で具体化する21世紀型能力	村川雅弘・三橋和博編著	学事出版 2015年

提案している。203項を踏まえて、小学校の国語と中学校の単元・授業モデル（203項・204項）を紹介し、また、資質・能力育成及びカリキュラム・マネジメント実現、社会に開かれた教育課程の核である「**総合的な学習の時間の充実**」（5章）について具体的な実践事例を挙げて述べている。そして、コロナ禍により体験的な活動が制約されたなかでの総合的な学習の時間における挑戦的な好事例を紹介している（6章前半）。

　学校として目指す資質・能力の明確化・共有化を図り、その育成のための「**主体的・対話的で深い学び**」による授業づくり・カリキュラム開発を推進していく考えが**カリキュラム・マネジメント**である。主に、4章で具体的な実践事例を取り上げ述べている。新採も含め学級担任一人ひとりにも求められる「**学級のカリキュラム・マネジメント**」や教科等及び道徳のカリキュラム・マネジメントに関しても取り上げている。ラグビーや陸上におけるカリキュラム・マネジメントの事例も部活動において成果を上げたいと望んでいる多くの関係者の参考となるだろう。

　2020年後半、コロナ対応の影響もあって前倒しで進められている「**GIGAスクール構想**」に関しても、コロナ禍における「**感染対策と学習保障の両立**」と同様にカリキュラム・マネジメントの視点で推進していくことが必要である。6章でこの両者を、事例を挙げて述べている。

　資質・能力の育成を目指す主体的・対話的で深い学びによる授業改善及び

コロナ禍やGIGAスクール構想への対応を、学校を挙げて取り組むカリキュラム・マネジメントの推進において校内研修の活性化は必然である。また、その校内研修の活性化及び教員の資質・能力の向上や育成に関わる行政研修や教員免許状更新講習、教員養成などの工夫・改善に関しては3章後半で取り上げている。

　このように、今次学習指導要領改訂にかかわる、ほぼすべてのことが深く関連し合っている。学校教育にかかわるこれらの事柄を関連付けて捉え、戦略的に取り組んでいきたい。

　なお、各課題に関して、さらに具体的かつ深く知りたい学びたいという場合には、**資料2**の類書を参考にしていただきたい。

（注）　村川雅弘・野口徹・田村知子・西留安雄編著『「カリマネ」で学校はここまで変わる！』教育開発研究所、2013年。

◆1章◆ 次代を生き抜く上で求められる資質・能力の育成と評価

【101】

育成が求められる資質・能力の明確化とその定着

　先行き不透明な次代を生き抜くとともに新たなものの創出が求められる子どもたちにどのような資質・能力を学校教育のなかで育成すべきかを検討したのが「**育成すべき資質・能力を踏まえた教育目標・内容と評価の在り方に関する検討会**」である。筆者もその委員の一人である。

　会議に先駆けて、中教審に対する下村文科大臣（当時）諮問があった。筆者が一番注目したのが、「自立した人間として多様な他者と協働しながら創造的に生きていくために必要な資質・能力」のなかの「**多様性を尊重する態度**」である（**資料1**）。いかなる難題課題に出くわしても決して諦めることなく、何とか解

資料1

自立した人間として多様な他者と協働しながら創造的に生きていくために必要な資質・能力

○何事にも主体的に取り組もうとする意欲
○多様性を尊重する態度
○他者と協働するためのリーダーシップやチームワーク
○コミュニケーションの能力
○豊かな感性や優しさ，思いやり

（文部科学大臣諮問　平成26年11月20日）より

決しようとする意識・意欲が求められる。少子化の時代だからこそ、一人ひとりが持ち味を発揮し、互いの考えを出し合い、繋げ合うことで、正解が定まらない・答えが一つではない課題に対してのよりよい解を創出することができる。その際に大切なことは、多様性を尊重する態度である。異なる個性がぶつかり合うからこそ新しいアイデアが産み出される。**チームワーク**はもちろんのこと、**リーダーシップ**においてもメンバー一人ひとりの個性やよさを理解しているからこそ、それらをうまく引き出し、繋げ、カタチにし、組織としてよりよいものを作りだすことができる。互いに理解し合おうとするために**コミュニケーション能力**が求められる。**豊かな感性や優しさ、思いや**りも他者を慮る気持ちからわき出るものである。

　これまで「**自ら考える力**」「**自己教育力**」「**生きる力**」「**確かな学力**」などの様々な学力観が示され、学校現場はその度に理解や対応を余儀なくされてきた。それに呼応するかのようにこれらの文言が各学校の教育目標や研究課題に盛り込まれてきた。

　また、「**資質・能力**」という表記に戸惑いを感じている方も多いだろう。

本来、「資質」とは「能力」を含む概念で、どちらかといえば先天的に備わっているものとされている。資質・能力検討会の論点整理のなかでは、適切な教育活動によって「更に向上させること」や「一定の資質を後天的に身につけさせること」ができると捉えている。そこで、あえて両者を分けずに**「育成すべき（その後、育成を目指す）資質・能力」**と一体的に扱っている。

　当時、筆者は整理を試みた[1]。実はこれまでの様々な学力観（今は、資質・能力観と呼ぶべきか）には共通点が多い。表現や位置づけ（上位項目か下位項目か）は異なるがおおよそ三つに整理できる。わが国だけでなく世界の国や地域において、義務教育から高等学校段階で共通性が高いのは**「問題解決力」**と**「対人関係形成力・協調性・コミュニケーション力」「自律性・主体性」**である。ほぼ全ての資質・能力観に含まれる。**「アクティブ・ラーニング」**の元の定義**「課題の発見と解決に向けて主体的・協働的に学ぶ学習」**とほぼ同義と捉えることができる。まさに先行き不透明な次代を生き抜く子どもたちに求められているものは**「様々な課題に対して主体的かつ協同的に既有の知識や技能を活用して問題解決を図っていく力」**である。

　大切なことは、資質・能力に関する諸説に翻弄されるのではなく、まず、目の前の子どもたちを見ることである。自校の課題を様々な学力調査や人間関係調査、学校評価などを踏まえつつも、日々かかわっている児童・生徒の**実態分析**を同僚の教職員と行いたい。その上で、授業改善や学校改革の研究計画を立て、取り組むことが重要である。その際に有効なのが**「児童・生徒の実態把握と共有化」**ワークショップである[2]。資料2はある中学校の生徒の実態分析の成果物である。縦軸は「よさ」と「課題」、横軸は「生活・行動」「学力・学習」からなる**「概念化シート」**で整理している。このような研修を行うことで、子どもたちに何が足りないのかが明確になってくる。**教育課程全体を通して育成すべき資質・能力が自ずと自分たちの言葉で**

資料2

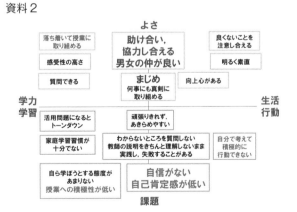

明らかになってくる。**写真1**

　写真1は、神奈川県のある小学校の成果物である。実は十数年前のものである。この学校では、年度始めに、児童に対して生活科や総合的な学習の時間で身に付けたい力を小片に書かせ、模造紙上でKJ法を使って児童と一緒に整理し、

共有化を図っていた。子ども一人ひとりが書いた「付けたい力」のなかからよく似たものを出してこさせ「まとめたら、どんな力かな」と確認しながら命名していった。左から「さい後まであきらめずにやりとげる力」「聞く力」「勇気を出してがんばる力」「調べる力」「仲よく協力する力」、そして「しんけんに集中する力」「何でもチャレンジする力」「考える力」と続いていく。まさしく、資質・能力と呼ばれているものである。「生活科を1年経験した2年生から可能」と教員は述べていた。

　同様の取り組みは高等学校でもある。三重県立白山高等学校が学校改革を進めていく上で生徒たちに「卒業までにどのような力を付けたいか」に関するアンケートを行った。調査前は「ウチの生徒はそんな意識を持っていませんよ」と懐疑的だった一部教員も、アンケート分析を協力して進めていくうちに「ウチの生徒は結構真剣に将来のことを考えているんだ」と変容していった。そして、「02：自分の考えや行動に自信を持つことかできる」「03：人に対してきちんと挨拶ができる」「11：相手の気持ちを考えて行動することができる」「17：言葉づかいに気をつけて話ができる」「21：他の人と協力して活動することができる」など21か条に整理され、廊下や教室に貼られた。

　今から考えれば、論点整理で述べられている資質・能力に通ずるものが多い。その後、この21か条の存在が、**教科横断的な授業研究**の実現を可能にした。各教科等の授業を教科の目標や内容の理解やその定着にとどめず、社会に出てから必要とされる力の育成を意識した授業づくりが進められていっ

た。教科内容を越えて授業の方法についての協議が可能となったからである。小学校や中学校あるいは高等学校において、**卒業までにどんな力を付けたいかを子どもたちに聴いてみてはいかがだろうか。**

　写真2は鳥取県隼小学校（その後、廃校）の3年教室の背面黒板の上に貼ってあった掲示物である。この学校では総合的な学習の時間の授業の冒頭で、教師は「今日は主にどの力を使って学習しますか」と確認する。すると子どもたちは、「今日は、調べてきたことを発表し、考えを繋げて、新しい課題を見つける時間なので、人の話をしっかり

写真2

きいて大事なことがわかる、集めた情報を使って、考えたりまとめたりできる、次にやりたいことを考えられる、の三つです」と確認し合う。総合的な学習の時間で育成したい資質・能力は「**見えない学力**」と呼ばれてきたものである。見えないからこそ「明示する」「意識する」ことを奨励している。これらの「**付けたい力**」も年度始めに子どもと一緒に作り上げているから子どもは理解し自覚的に学習を進めて行ける。活動しながら「**メタ認知**」していくのである。

　学校現場では目の前の子どもの姿を通してどのような力を育てたいのかを明確にし、共有化を図っていきたい。そして、授業レベルで、子どもに分かる表現で意識させ活用させていきたい。資質・能力は子ども自身が自覚的に繰り返し活用して身に付いていくものである。

(1)　村川雅弘「これまでの"資質・能力"を考える」『教職研修』平成26年1月号、教育開発研究所、pp.22-25。
(2)　村川雅弘『ワークショップ型教員研修　はじめの一歩』教育開発研究所、pp.61-62、2016年。

【102】

「見方・考え方」を活かして課題解決の「目鼻をつける」

人生百年時代を迎えようとしている。一方で、先行き不透明と言われている。温暖化による地球レベルの度重なる異常気象、不可避とされている大地震とそれに伴う津波、新型のウイルス感染、少子高齢化による生産者層に対する過度な負担と地方の人口減少の加速、人工知能による仕事の変化など、これからの時代を生きる子どもたちは**様々な問題の解決**だけでなく、**新たなものの創出**が求められている。

今次改訂では、「**育成を目指す資質・能力の3つの柱**」が提唱された。三つ目の柱である「**学びに向かう力・人間性等**」のなかには、「**主体的に学習に取り組む態度も含めた学びに向かう力**」に止まらず、「**自己の感情や行動を統制する能力**」「**自らの思考の過程等を客観的に捉える力**」「**よりよい生活や人間関係を自主的に形成する態度**」や「**多様性を尊重する態度と互いのよさを生かして協働する力**」「**持続可能な社会づくりに向けた態度**」「**リーダーシップやチームワーク**」などが含まれている。

この三つ目の資質・能力が、現代的諸課題の解決や新たなものの創出のために発揮されるためには、各自が各教科等の学習を通して習得した「**生きて働く『知識・技能』**」を活用しつつ「**思考力・判断力・表現力等**」を働かせることが必要である。

諸課題の解決や新たなものの創出には各教科等の知識・技能が必要であるが、ある特定の課題（例えば、防災）に関する知識・技能を特に有している者が、解決場面等においてそれらの知識・技能を生かして**リーダーシップ**を発揮し、その場にいる者をまとめたり導いたりする上で、共通に学ばれてきた各教科等の知識・技能が、その場における共通理解を図る上でのベースとなる。また、「**主体的・対話的で深い学び**」を通して共通に身につけてきた対処の仕方が協働的な問題解決や創出を促進することとなる。

何のために学ぶのか。子どもの頃、誰しも一度は考えたことがあるだろう。筆者も「テストで良い点を取るため」「入試のため」「学ぶことが子どもの仕事」「将来の夢を実現するため」などの自問自答を繰り返してきた。

前述のように、各教科等で習得した知識・技能は諸課題の解決や新たなものの創出あるいはそれらに関係する者が共通理解を図る上で有効であることは理解できるが、各教科等の「**見方・考え方**」にはどのような役割があるの

か。「見方・考え方」が鍛えられると子どもがどう変わるのか。

　各教科等の「見方・考え方」の基となった中教審答申（2016年12月21日）を、まず再確認しておきたい。「見方・考え方」に関しては、第5章の「3. 教科等を学ぶ意義の明確化」のなかの（各教科等の特質に応じた「見方・考え方」）（pp.33-34）で述べられている。

　まず、「各教科等で習得した概念（知識）を活用したり、身に付けた思考力を発揮させたりしながら、知識を相互に関連付けてより深く理解したり、情報を精査して考えを形成したり、問題を見いだして解決策を考えたり、思いや考えを基に創造したりすることに向かう」（一部）と述べている。前項で述べた筆者の基本的な考えと同意である。

　このような学びの過程を通して、「"どのような視点で物事を捉え、どのような考え方で思考していくのか"という、物事を捉える視点や考え方も鍛えられる」（一部）とし、「各教科等の特質に応じた物事を捉える視点や考え方が『見方・考え方』であり、各教科等の学習のなかで働くだけではなく、大人になって生活していくに当たっても重要な働きをする」（一部）と定義している。そして、「『見方・考え方』には教科等ごとの特質があり、**各教科等を学ぶ本質的な意義の中核をなすものとして、教科等の教育と社会をつなぐ**ものである」（一部）と述べている。

　答申の別紙（p.275）には「**各教科等の特質に応じた見方・考え方のイメージ**」が示されている。例えば、「**言葉による見方・考え方**」は「自分の思いや考えを深めるため、対象と言葉、言葉と言葉の関係を、言葉の意味、働き、使い方等に着目して捉え、その関係性を問い直して意味付けること」、「**数学的な見方・考え方**」は「事象を、数量や図形及びそれらの関係などに着目して捉え、論理的、統合的・発展的に考えること」としている。また、答申では「各教科等の学びの中で鍛えられた『見方・考え方』を働かせながら、世の中の様々な物事を理解し思考し、よりよい社会や自らの人生を創り出していると考えられる」と述べている。

　筆者は「見方・考え方」の意義を次のように考えている。「**目鼻をつける**」という慣用句がある。目の前の問題解決のための具体的な知識や技能はすぐには思いつかないけれども、「何となくだけど、この教科で学んだことが使えるんじゃない」「なんか習ったよな」という感覚である。

　例えば、アンケートを作成する場合で考えてみたい。対象者に対して、目的を伝えたりお礼の言葉を添えたりする必要がある。「説明文の学習や手紙

の学習で習ったよな」と目鼻をつけた上で、改めて書き方を確認して関連する知識・技能を活用する。アンケートの結果が集まった時には数値データを整理する必要が出てくる。「こんな時はグラフだよな」と目鼻をつけた上で、改めて適切なグラフを決定し、データ処理の仕方を確認し習得していた知識・技能を活用する。結果をまとめて報告書にする際も同様である。「見方・考え方」を身につけることにより、問題解決場面における知識・技能の選択と活用が促進される。

　次代を生き抜く資質・能力の育成に大きく寄与してきたのが「総合的な学習の時間」である。2017年改訂ではこの時間の目標として**「探究的な見方・考え方を働かせ、横断的・総合的な学習を行うことを通して、よりよく課題を解決し、自己の生き方を考えていくための資質・能力を次のとおり育成することを目指す」**が示された。この「探究的な見方・考え方」については、答申のなかで「各教科等における『見方・考え方』を総合的（・統合的）に働かせて、広範（かつ複雑な）事象を多様な角度から俯瞰して捉え、実社会や実生活の文脈や自己の（在り方）生き方と関係付けて問い続けること」（括弧内は高等学校、筆者注）と説明している。

　小中高と発達段階によって異なるが、総合的な学習の時間において**身近な地域や国、地球レベルの現代的諸課題**の解決に真剣に取り組み、その発達段階に応じた精一杯の解決や社会的貢献を果たすことによって獲得された知識・技能、達成感や自尊感情は、子どもたちが将来において遭遇する諸課題の解決や新たなものの創出の大きな礎となる。

　これまでも各教科等の知識・技能を横断的に活用してきたが、この時間の学習を通して**「探究的な見方・考え方」**が鍛えられることで、具体的な問題解決場面において「この教科で習ったことが使えるんじゃない」と目鼻をつけることができ、改めて確認・吟味した上で具体的な知識・技能を活用する。

　情報機器の発達やインターネットの高速化により、情報の収集や確認は簡単に行えるようになった。重要なことは「目鼻をつける」こと、「**解決の糸口を見つける**」ことである。正確さや速さでは人工知能には勝てないが、異質なものを繋げる柔軟な発想は人間の強みである。「見方・考え方」を身につけることでその強みがさらに増すと考える。

【103】

「総合学習・引出し論」再考

　22年前に書いた「**総合学習・引出し論**」(注) の一部を紹介する。

　私たちが現実社会において様々な問題解決を図る時にはどうしているだろうか。問題を見つけたり、計画を立てたり、追究したり、まとめたり、成果を伝えたりする際に、**自分の中にある知識や技能、体験の「引出し」**の中から関連のあるものを取り出し、繋げて活用しているのではないか。沢山の引出しを持っている人は博学だと言われる。他の人にはない知識や技能、体験の「引出し」を多く持っている人はユニークだと言われる。～略～その多くは教科の学習を通して体系的に一つ一つ作り上げてきたものである。

　教科学習で「引出し」を活用する場合にはどの「引出し」を開ければよいのかが暗に示されている。～略～。総合的な学習ではどうだろう。単一の教科の内容を越えた問題に取り組むことが多い。個人またはグループで取り組んでいる問題が異なることも多い。身近に教師がいないことも多々ある。自ら問題を見つけたり、自ら計画を立てたり、主体的に追究したり、まとめたり、成果を伝えたりする際に、**自分の中にある知識や技能、体験の「引出し」の中から関連あるものを取り出し、繋げて活用している**。～略～

　具体的な課題解決に際して、教科等で培った知識や技能、様々な体験を自らが活用することによって、教科学習が役に立つことを実感したり、問題解決についての自信を育んだりしている。これまでの学校教育は、知識や技能を教科学習を通して体系的にしっかりと身に付けさせておけば、将来における様々な問題解決場面で活用できるだろうという幻想を抱いていたのではないだろうか。～略～。**子どもの頃から、子どもなりに、持ち合わせの知識や技能、体験を活用する経験や自信を積み上げていくことこそが必要**なのではないか。教師の計画的な指導の下で一つ一つ確実に「引出し」を作っていくことも大切、その一方で、同時並行的に、**子ども自らが主体的に「引出し」を活用していくことも大切**。これが「総合学習・引出し論」である。教科学習と総合的な学習が子どもの中でうまくネットワーク化していくことが重要である。～略～。

　今次改訂では、「各教科等で育まれた力を、当該教科等における文脈以外の、実社会の様々な場面で活用できる汎用的な能力に更に育てたり、教科等横断的に育む資質・能力の育成につなげたりしていくためには、学んだことを、教科等の枠を越えて活用していく場面が必要となり、そうした学びを実現する教育課程全体の枠組みが必要になる」と、子どもが教科等で作った「引出し」の中の知識や技能、体験を具体的な課題解決場面において主体的に繋げて活用していくことを教育課程全体で実現することを求めている。

（注）　村川雅弘「総合学習・引出し論」『学校図書館』通巻第594号、全国学校図書館協議会、pp.56-57、2000年。

【104】

現代的な諸課題に対応する資質・能力と教科等横断的な学び

今次改訂では、発達段階を越えて多数存在していた学力観を整理し、「**育成を目指す資質・能力**」として三つの柱が示され、幼児教育段階から高等学校段階までを貫くものとして一本化された。**現代的な諸課題への対応の視点**から改めて確認しておきたい。

一つ目は「**生きて働く『知識・技能』の習得**」である。「各教科等において習得する知識や技能であるが、個別の事実的な知識のみを指すものではなく、それらが相互に関連付けられ、さらに社会の中で生きて働く知識となる」としている。「相互に関連づける」「生きて働く」が強調されている。

二つ目は「**未知の状況にも対応できる『思考力・判断力・表現力等』の育成**」である。「将来の予測が困難な社会の中で未知の状況に出会っても決して怯まず・諦めることなく、既有の体験や知識・技能を生かして解決策を自ら考えた上で、一人で背負いこもうとせずに多様な他者とかかわり、対話を繰り返しながらよりよい解決策を見出していこうとする生き方」が強調されていると筆者は考える。中教審答申では、**思考力・判断力・表現力**を育成する過程として、①対象のかかわりを通して問題発見・解決を探究的に行う、②個人の考えを形成した上で伝え合いにより集団としての考えを形成する、③一人ひとりの思いや願いを基に意味や価値を創造する、の三つを挙げている。「**主体的・対話的で深い学び**」の実現とも大きくかかわっている。

三つ目は「**学びを人生や社会にいかそうとする『学びに向かう力・人間性等』の涵養**」である。具体的には「学習意欲や自己統制力、自己を客観的に捉える力、人間関係形成力、多様性を尊重する態度や互いのよさを生かして協働する力、持続可能な社会づくりに向けた態度、リーダーシップやチームワークなど」と多様なものが含まれている。

この三つ目の資質・能力が、将来において**現代的な諸課題の解決や新たなものの創出**のために発揮されるためには、各自が各教科等の学習を通して習得した「生きて働く『知識・技能』」を活用しつつ「思考力・判断力・表現力等」を働かせることが必要である。

筆者は中教審にかかわる諸委員以外に、文部科学省「研究開発学校企画評価委員」も務めてきた。かつて鳴門教育大学附属中学校の「未来総合科」[1]に関して**新教科開発**に深くかかわったにもかかわらず、現代的な諸課題に関

する新教科開発には常に反対の意を述べてきた研究者の一人である。

　小学校や中学校、高等学校等の教育課程における「**不易**」の部分は、改訂により名称や目標、内容が変わることはあるが、各教科、道徳、総合的な学習／探究の時間、特別活動である。この「不易」の部分で習得される知識・技能および「**見方・考え方**」を駆使して、「**流行**」に相当する現代的な諸課題に対処できる知識・技能および「**見方・考え方**」を育成していくことが必要である。

　現代的な諸課題として何を取り上げるのかを決定するのは困難である。カリキュラム全体の時数に限りがあるのと、そのカリキュラム開発にかかわる関係者の専門分野や立場、興味関心によって取り上げるべきと考える課題は異なるからである。「未来総合科」を創設した四半世紀前は、環境教育や福祉教育、国際理解教育、情報教育が主に取り上げられていた。キャリア教育や健康教育、防災教育、食育、消費者教育、プログラミング教育などはそれ以降である。いわゆる「○○教育」と呼ばれるものにも「不易と流行」がある。具体的な学習活動として何を取り上げるかは重要である。しかし、現代的な諸課題はあまりにも多様で、今後新たな課題が生まれる可能性も大きい。その度に、教育課程のなかに○○教育を入れたり、新教科を創設したりすることには自ずと限界があると考える。

　各教科の目標・内容を丹念に見ていくと、**現代的な諸課題にかかわること**が数多いことに気付く。元々は教科に分けたのは教える側の便宜的な方法であって、世の中の事柄は教科で分かれて整然と並んでいる訳ではない。**現代的な諸課題が教科横断的**であることは当然のことと言えよう。特に、今次改訂では各教科等の目標や内容あるいは内容の取扱いが現代的な諸課題を意識し設定されている。

　例えば、**防災教育**の視点で中学校学習指導要領の目標や内容等を検討してみる（**資料**）。

　以上のように、防災の視点だけからみても各教科等の殆どがかかわっている。他の現代的な諸課題の視点から見ていった時にも関連するものは少なくないと考えられる。○○教育の視点からあえて捉え直すことにより教科と教科の関連も見えてくる。

　さて、教科横断的な学習の最終目標は、児童・生徒一人ひとりの学びのなかで「知の総合化」を図ることと捉えている。「**総合学習・引出し論**」（103項）に示しているようにこの考えは20年来変わっていない。

資料

〔国語〕国語で育成される言語力は当然ながら全ての教科を理解する上で必要なものであるが、災害時において様々な報道を見聞・理解したり、他者に情報を提供したりする上でも不可欠である。特に、「原因と結果、意見と根拠など情報と情報との関係について理解すること。」（1年）や「自分の考えや根拠が明確になるように、話の中心的な部分と付加的な部分、事実と意見との関係などに注意して、話の構成を考えること。」（1年）などは正しく情報を読み取ったり伝えたりして、災害時においてパニックやデマを生み出さないためにも重要である。

〔社会〕「地理的分野」の「日本の地形や気候の特色、海洋に囲まれた日本の国土の特色、自然災害と防災への取組などを基に、日本の自然環境に関する特色を理解すること。」や「様々な資料を的確に読み取ったり、地図を有効に活用して事象を説明したりするなどの作業的な学習活動を取り入れること。また、課題の追究に当たり、例えば、防災に関わり危険を予測したり、〜略〜する際には、縮尺の大きな地図や統計その他の資料を含む地理空間情報を適切に取り扱い、その活用の技能を高めるようにすること。」は防災に直接関連する。

〔数学〕数学はかかわりがなさそうに見えるが、論理的な思考やアルゴリズム的な考え方は避難時や避難所において即時的に判断しそれを実行したり、別の手立てや経路を考えたりする力にかかわっていくと考える。

〔理科〕第2分野の内容で（2）「大地の成り立ちと変化」と（4）「気象とその変化」が直接関連している。内容の取扱いに「〜略〜地震の現象面を中心に取り扱い、初期微動継続時間と震源までの距離との定性的な関係にも触れること。また、「地球内部の働き」については、日本付近のプレートの動きを扱うこと。」や「〜略〜地球規模でのプレートの動きも扱うこと。また、「災害」については、記録や資料などを用いて調べ、地域の災害について触れること。」とあり、防災教育を強く意識したものとなっている。

〔音楽〕歌唱もTPOを意識する必要はあるが、不安な気持ちを和らげたり、避難所の雰囲気を和ませたりする上で有効である。

〔美術〕デザインなどは避難経路を図示したり、案内標識を作成したり、避難所をレイアウトしたり、案内を作成する上で力を発揮する。

〔保健体育〕の体つくり運動は避難所生活における体調管理にかかわる。「保健分野」の「健康と環境」や「傷害の防止」、「健康な生活と疾病の予防」と〔技術・家庭〕の「家庭分野」の「食生活と自立」や「衣生活・住生活と自立」は避難所生活に欠かせない。

〔外国語〕外国語の知識や技能も避難の際や避難所生活において重要な役割を担う。外国人居住者や海外からの観光客はいつどこで災害に遭遇するとは限らない。避難の誘導や快適な避難所生活を送る上で、特に英語によるコミュニケーションは大きな力を発揮する。

〔道徳〕の内容項目にも関連するものがあり、〔特別活動〕の防災訓練は直接かかわる。また、〔総合的な学習の時間〕で防災教育を取り上げる学校が増えてる。

　この「引出し」をツールとして形にしたのが「知の総合化ノート」である[2]。徳島県阿波市立吉野中学校の三橋和博教頭が教諭時代の 2003 年度に開発・実施したものである。各教科や道徳、総合的な学習の時間、生徒会活動や部活動、学校行事などの学校での学びだけでなく、書籍や新聞、テレビ、家族や仲間との語らい等、様々な場面において経験したことや学んだことをカードや付せん（開発当時は紙片）に記録しておき、一定量が溜まったら整理し、観点ごとに関連するものを繋げる。その過程で新たな発見があればカードや付せん（あるいは紙片）に書きとめる。観点としては、問題解決力やコミュニケーション力などの**汎用的な力**や環境や福祉などの**現代的な諸課題**を設定する。

　高知県本山町立嶺北中学校は「知のツール BOX『MIRAI ノート』」（生徒が自分自身と対話しながら、学校と社会の接続を意識し、夢の実現につなげるツール）という名称で全校的に取り組んでいる[3]。なお、MIRAI は「Modern」「Idea」「Research」「Action」「Innovation」の頭文字を取っている。手順は概ね以下の通りである。

①「知の」収集：授業や学校生活全般、家庭生活など日々の学びのなかから、「これは将来自分にとって役に立つ」「この話は忘れそうだから書き留めておこう」といった内容を、75 ミリ四方の付せんに記入する。
②「知」の整理：収集した「知」を「嶺北 ACT」の項目（主体性、向上心、コミュニケーション力、課題発見力など九つ）ごとに整理する。
③「知」の発信：整理した「知」を作文や短歌、格言や語録など様々な表現方法でまとめて、他者に発信する。
④「知」の活用：学んだ「知」を生活や授業、生徒会活動、自分の生き方に生かす。

　生徒自身が様々な体験や学びを自ら関連付けることが重要で、この手法はそれを扶けるものである。今次改訂で求められている「**概念的知識**」を子ども自らが生み出すことにも繋がる。小学校では上越市立大手町小学校、高校では兵庫県立尼崎稲園高等学校が取り入れている。

(1)　鳴門教育大学学校教育学部附属中学校『未来総合科で生きる力を育てる』明治図書、1997 年。
(2)　村川雅弘・三橋和博編著『「知の総合化ノート」で具現化する 21 世紀型能力』学事出版、2015 年。
(3)　大谷俊彦『「学校経営マンダラート」で創る新しいカリキュラム・マネジメント』ぎょうせい、pp.124-126、2019 年。

【105】

子どもの育ちや声に学ぶ

　2016年3月、山梨県立富士河口湖高校を訪問した。**文部科学省「スーパーグローバルハイスクール」**アソシエイト校として、**地域創生**に取り組んでいる1年生と懇談する機会を得た。彼らは「富士北麓地域を活性化するためのテーマ設定」（課題設定：4〜7月）、「フィールドワークによるアンケートやインタビュー」（情報収集：8月）、「思考ツールを活用しての対策の考案と実行」（整理分析：9〜12月）、「山梨県庁観光部への提案」（まとめ発表：1〜3月）に取り組んできた。

　テーマは「人口減少改善と観光」「自然災害に備えて」「世界の人に富士北麓のよさを伝える」など多様である。地域のイベントに参加し英語で接客したり、地元の名物店を紹介する英語のパンフレットを製作したりするなど、これまで習得してきた知識や技能を生かした取り組みがなされている。

写真

　1年間の活動を通してどのような力がついたのかを尋ねてみた。テーマの異なるメンバーで、**自己の振り返り**を行い付せんに記入してもらった（右**写真**）。その後、チームで整理し、チーム代表に発表してもらった。「他の人の立場になって考えられる」「色々な人の目線から考える」といった多様な他者を理解し尊重しようとする態度、「皆で協力してよりよい意見を出す」「仲間とたくさん話し合ったり意見を出し合ったりすることにより自分が考えた意見を皆が納得してくれる嬉しさと大切さ」などといった協働的な問題解決、コミュニケーションや人と人との繋がりの大切さなど、多様な体験を通して身についた力を語ってくれた。

　その少し前の1月に訪問した福山市立城北中学校でも同様の光景を目にした。同中学校は広島県が2015年度より取り組んでいた**「学びの変革」パイロット校事業**の指定校の一つである。同中学校の総合的な学習の時間は「地域理解・社会貢献」と「自己探究」の2本柱で3年間の探究を構想している。この日は1年『「職業ロードマップを作ろう」〜私の人生プラン〜』の全10

時間の9時間目、各クラス代表6名によるスピーチであった。本単元は3年間の「自己探究」の導入にあたり、2年の**職場体験**、3年の**進路選択**に繋がる。

　体育館は約240名の生徒でひしめき合っていた。まず、クラス代表の6名が、弁護士やバレーダンサー、医者、吉本新喜劇のお笑い芸人など、将来の夢を語りはじめた。しかし、そのなかの一人の生徒が「銀行員になりたいと言ってクラスの代表に選ばれたけど、全体発表に向けてよく考えたら未だはっきりと決まっていないことがわかった。このことを担任の先生に相談したら、『君はどうしたいんだ？』と聞かれ『迷っていることを発表したい』と答えた」と語った。筆者はその少年の発表に一番感動を覚えた。体育館全体に安堵の空気が流れたようにも感じる。将来のことを未だ決めきれない生徒が数多く存在しているのではないか。実際どうだろう。本書読者のなかに中学1年生段階で教師の道を選んだ人はどれくらいいるだろう。その後の各地の研修等で、現職の教員に「中1で教師になろうと思った人は」と尋ねると概ね5パーセントの割合であった。

　クラス代表発表の後、生徒が次々と自ら志願し「代表の発表から修正したり改善したこと」「職業に就くために求められる資質・能力」「今後、自分の生活をどう変えていくのか」を語りはじめた。常に10人前後、多いときには一度に30名ほどが同時に立ち上がった。そして、互いに目配せをしながら座っていき、最後に残った一人が思いを語る。その風景が何度も繰り返される。「夢を持っていいんだ」「夢を語っていいんだ」「未だ決まってなくてもいいんだ」「夢は変わっていいんだ」「どんな職業に就こうとも共通に必要な力があるんだ」「中学校生活を精一杯過ごすことが大切なんだ」といった思いが1年生全体に拡がり根付いた。

　授業参観前は1年生の段階で将来の夢を語らせることに正直不安を覚えていたが、それは杞憂に終わった。彼らは、この活動を通して自己と向き合い、多くを学ぶと共に、中学校生活の過ごし方について真剣に考えていた。この時期に考えさせることの意義を生徒から学ばせてもらった。

　富士河口湖高校の生徒と同様に、今求められている**資質・能力**に匹敵するものが子ども自身の言葉として語られる。**カリキュラム評価**や**カリキュラムづくり**に反映させていきたい。活動の主体者である子どもの言葉に耳を傾けることも重要な研修であることを実感した。

【106】

子どものカードやワークシートをどう読み解くか

　2018年度の日本生活科・総合的学習教育学会第27回全国大会北海道大会の会場校である札幌市立北九条小学校2年生活科「うごくおもちゃ」（佐藤恵教諭）における児童のカードを「**主体的・対話的で深い学び**」の視点から読み解いてみた。資料は佐藤教諭からいただいた。

　A児はロケット製作を続けている。まず、6月5日のカードの題は「あんまりとばないロケットポン」である。ロケットを前に思い悩むA児のイラストとともに「前はすごくとんだのに、今は少ししかとばなくなって。テープとかいっぱいはったり、ヤクルトを変えたり、トイレットペーパーと換えたけど、少しはとぶようになったけどあんまりとばないです。どうやったらとぶのかがわかりません」（読みやすくするために、漢字かな交じり文で表記している。また、A児は書きたいことがあふれ出てくるのか、**写真1**と同様にカードの余白部分まで使って書いているので、後半の文の順序は筆者の推測である。以下、同様）と綴られている。同級生3人のロケットと比べて、とばない原因を明らかにすべく様々な試行を繰り返して思い悩む様子が文章から読み取れる。

　その翌日（6月6日）のカード（**写真1**）の題は「昨日はとばなかった。どうして」である。「昨日、1cmもとばなかったけど。今日は、5cmもいきました。どうしてかというと、たぶん昨日は、押す場所を真ん中にして力を弱くやったんですけど、今日は下らへんで押して力いっぱい押してみたらけっこうとびました。なんで力いっぱい押すとすごくとぶのかがわかりません。なんでこんなにとぶのかな？〜中略〜たぶん力いっぱい押すと空気がキャップを押してくれると思います」と相変わら

写真1

ず試行錯誤を繰り返しながらも徐々に解決のヒントを見つけつつある。

6月12日のカード（**写真2**）の題は「あんまりとばないロケットポン」である。B児のとび方と比べている様子のイラストとともに「Bくんは小さいやつでやったら上までいって、僕も小さいやつでやっても全然とばない。たぶんトイレットペーパーの芯の大きさとかかも知れません。〜略〜たぶん空気がどんだけ入っているのか？なんでとばないのか。たぶん押す力？」と綴っている。

単元は15時間の設定である。

写真2

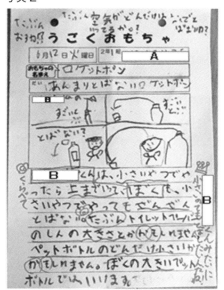

「うごくおもちゃをつくってみよう」（3時間）では、風、ゴム、空気、おもりの四つの動力を使った簡単なおもちゃを体験し、動きの面白さと作って遊ぶ楽しさに気付かせている。この時の体験が次のおもちゃづくり「うごくおもちゃはかせになろう」（7時間）に生きてくる。「博士になる」は子ども一人ひとりの意欲を掻き立てる上で有効な目標となっている。

カード全体から、主体的に学ぶA児の姿が目に浮かぶ。教師のねらいどおり、「うごくおもちゃをつくってみよう」の体験が「作ってみたい」という意欲を引き出し、仲間とのかかわりや対話を通して、少しでもよくとぶロケットを作ろうと試行錯誤を繰り返していることが読み取れる。**仲間との対話**にとどまらず、前のカードと比べることで前の**自分との対話**も行っている。四つの動力での体験を生かし、他者のロケットとの比較を通して、他者や自己との対話により、2年生とは思えないほど深く考え、諦めることなく試し、豊かに表現している。実に様々な学びの姿が読み取れる。

A児の「主体的・対話的で深い学び」を引き出したのは学級担任である。簡潔かつ適切な朱書きを通して支援を行っている。**カードやワークシートへの朱書きには力量がいる。**子どもの気づきや悩み、疑問に対して教師がどのようなコメントを行えばよいのか、極めて重要である。

振り返りをどう読み解くか

　淡路市立志筑小学校５年の総合的な学習の時間の授業「志筑子供防災チーム！発動！〜自他の防災意識を高めよう！〜」（本書502項）の振り返りカードを「**育成を目指す資質・能力の３つの柱**」の視点で読み解いてみる。

　A児は「今日は不安を無くすために何が必要かを話し合いました。話し合っているうちに、素早く行動する力や対応力、地域と協力などの意見が出てきました（**思考力・判断力・表現力**）。私たちの力も必要だけれど地域の人の力も必要だと気付きました（**生きて働く知識・技能**）。これからは不安を無くすために、まず自分から動かないといけないので自分の力を伸ばしていきたい。地域と協力したり共助の力を育てるには、前にYさんが言っていた何年か前にあった大きな避難訓練をしたらいいと思います。なぜならその避難訓練は大きな地震を想定した避難訓練で、そのような大きな訓練だと地域の人たちの協力が求められるからです（**生きて働く知識・技能**）。これからはもっと防災に関係する力を伸ばしていきたいです（**学びに向かう力**）」と述べている。（　）はあえて筆者が「育成を目指す資質・能力の３つの柱」と関連付けたものである。

　資料１と**資料２**はB児の振り返りである。①は「生きて働く知識・技能」、②は「思考力・判断力・表現力」、③は「学びに向かう力」と捉えることができる。

　本物の学びをした子どもには自ずと「**育成を目指す資質・能力**」が身に付いている。

　授業で三つの力を意識させ

資料１

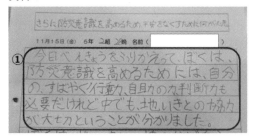

資料２

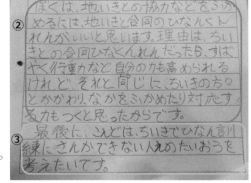

たわけではないが、多く児童の振り返りには満遍なく入っていたように思う。

　福山市立千年小学校6年総合「自分の生き方を考えよう」（青山千鶴教諭）の授業では、地域の偉人「山本瀧之助」と「あこがれの人」（「大瀬良大地」や「back number」等、実に多様）について調べたことから、自己の生き方をワークシートにまとめた。

　C児は、「できていること」を書いた後、筆が止まった。面白いことに「できていること」と「不十分なこと」の両方に「練習（野球）」と書かれている。好きな野球でもできることとできないことがあるのだ。それは私たち大人にも言えることである。

　資料3のD児はとても工夫していた。まず、「できていること」の内容の関連を示している。「夢を持つ」から「一生懸命」になれる。だから「努力・あきらめない」「向上心・行動力」に繋がる。「チャレンジする力」を引き出せる。等々と読める。不十分なことにはA〜Dの記号を付け、「そのために、自分が取り組むこと」と対応させている。例えば、「A：人の支えになること」「B：人を笑顔にすること」「C：自分の意見をはっきり言うこと」「D：人前に立つこ

資料3

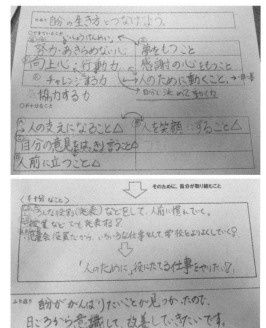

と」→「ABCD：児童会の役員だから、色々な仕事をして、学校をよりよくしていく！」としている。「振り返り」として「自分ががんばりたいこと見つかったので、日ごろから意識して改善していきたいです」と締めくくってあった。とてもいい学びをしたようだ。また、このような工夫を全体に広げていきたい。

【108】

自己の成長を振り返り次年度に繋げる

　授業だけなく学校教育活動全体や家庭生活等を通して様々な力が子どもたちに付いている。これまで主に総合的な学習の時間で育んできた資質・能力の多くは、教科学力のようなテスト等で測れる「見える学力」に比べて「**見えない学力**」と言われてきた。その「**見えない学力の見える化**」にトライした取り組みである。**育成を目指す資質・能力の3つの柱で自己評価**を行わせている点でも参考になる。

　この取り組みにまず初めに協力してくれたのが墨田区立二葉小学校の松原大樹教諭である。2017年度末、3年生対象に「**自己を見つめる時間**」として設定した。1年間を振り返り、「できるようになった。成長した。分かった」（水色）、「なぜ、そうなった」（黄色）、「4年生で頑張りたい、やりたい」（桃色）、「友だちの力を教える」（緑色）の4色を使い分けた。

　まず、一人ひとりが**1年間の成長を**振り返った。色々な視点からできるだけ数多く書き出すことを奨励した。例えば、A児（**写真1**）は、成長したこととして、「文章をスラスラかけるようになった‼」とし、その理由を「5分間ふりかえり作文と話し合いのおかげ‼」と書いている。「考える力がつ

写真1

いた‼」のは「総合のおかげ‼」、「まわりをみる力がついた‼」のは「フィールドワークのおかげ‼」、そして「はっぴょうする力がついた‼」のは「先生のタイプがあっていたからかも⁈」と書いている。「‼」と「⁈」の使い分けが実に絶妙である。

　次に、グループ内で、友だちの力を考える付せんを書いて渡し合った。どの児童も自分では気づいていないよさや成長が書かれた付せんを仲間から受け取り、満足げな笑顔あふれる時間となった。

　最後に、たくさん書いたなかでも特に成長したことを二つ取り上げて、その理由を詳しく書かせた。B児は今年身に付いた力を「協力して生きあう力」とし、その理由として、「友だちなどがいなくちゃ一人でものごとは成り立たないし、自分だけで考えていても新しいことが思いうかばないから」

と書いている。まさに、多様な他者とかかわりながら様々な問題を解決したり、新たなものを創造していくことの大切さに気付いている。また、C児は「まわりを見る力」とし、その理由として「かいしゃなどでは、がっこうみたいにちゃんとおしえてくれないから、そういうときに、他の人のを見てやったらうまくできると思います」と書いている。いずれも3年生ながらもしっかりと自己を見つめている。

　自己の成長の振り返りの学習も「主体的・対話的で深い学び」であると考える。一人ひとりの振り返りが「主体的な学び」、仲間同士のよさや成長の指摘や協議は「対話的な学び」、二つを取り上げて詳細な理由を考えることは「深い学び」に他ならない。

　この取り組みを中学校で実施できないかと模索していたところ、京都市立桃山中学校が手を挙げてくれた。

　2月末のまだ寒気が残るなか、体育館に500人余りの生徒が集まった。森一功校長による挨拶の後、説明を行った。展開は**資料1**に示す通りである。

資料1

1. 校長挨拶・講師紹介（2分）【体育館】
2. 活動の説明（5分）【体育館】
3. 自己の振り返り（25分）【体育館】
　　教室へ移動
4. 文章によるまとめ（10分）【各教室】

　まず、趣旨と手法を説明した。「成長したこと。できるようになったこと」（水色）、「成長したのはなぜか。どんなことを頑張ったか」（黄色）、「来年度、頑張りたいこと。取り組みたいこと」（桃色）の3色を使い分けること、サインペンを用いてはっきりした文字で書くこと、1枚に1項目書くことをプレゼンテー

資料2

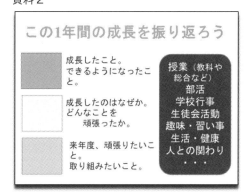

ション（**資料2**）で伝えた。また、授業だけでなく、部活動や学校行事、生徒会活動、趣味や生活など**多面的に振り返る**ことを強調した。全員に付せん各5枚と水性黒のサインペン、A3のコピー用紙が配付された。二葉小で行った「友だちへの付せん（緑色）」に関しては、短時間では付せんをもらう

ことのできない生徒が出てくることへの配慮から、取り入れないこととした。そのことにより生み出された時間を活用して、各教室に戻ってから、付せんを読み返し、自己の成長に関する気づきとこの活動に関する感想を A5 サイズの振り返りシートに書くこととした。

　筆者の合図で始まったが、始めは戸惑いの様子である。実際、振り返りシートには「（始めは）自分を褒めるのは難しかった」という感想が少なからず見られた。生徒同士は自然発生的に輪になり、対話をしながら振り返っていくことで付せんの数が増えていった。硬かった表情も和らぎ始める。

　A3 サイズの限られたスペース、各色 5 枚という事前配布（追加請求 OK）、25 分間という制約条件のなかで、概ね 3 ～ 5 の視点で振り返り、「どう成長したか」と「なぜ、成長したか」「来年度はどうするか」を関連付けて整理する生徒が多かった。

　森一功校長は「始めは戸惑いが見られたが途中からすごく動きが出てきた。子どもが楽しそうに自分を振り返る姿に先生方もいい顔をしていた」と述べている。1 年生は小学校から生活や授業が大きく変わったことにより多面的に成長を捉えている生徒が多いのに比べて、2 年生は部活での成長の付せんが増え、3 年生では学業や成績に関する記述が多くを占めている。

　振り返りシートを紐解きながら活動の成果を検討してみたい。

写真２の 1 年女子は冒頭で「今日の取り組みで、小学校のときの自分と中学生になった自分ってあまり変わっていないのかなと思っていたけど、成長しているところがたくさんあると発見することができました」と書いて

写真２

いる。このような気付きを書いている生徒は多い。

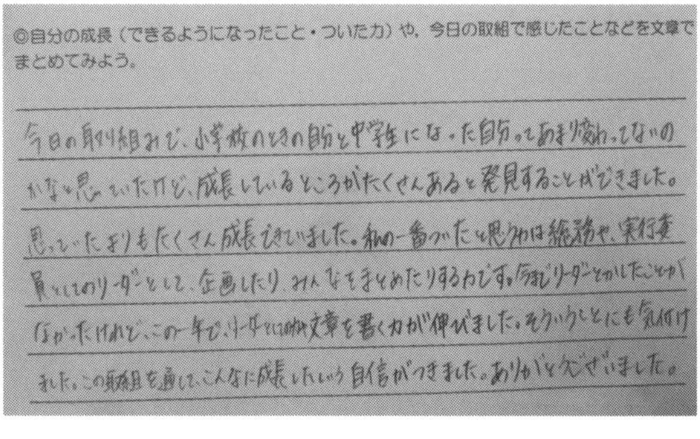

　「小 5 と小 6 の 1 年とこの中学生になってからの 1 年は全然違うと感じました。すごく学ぶものや成長することがありました。私はこの 1 年は人生で一番成長したなと思いました。次の 1 年はこの 1 年を踏まえてなので、どんな 1 年になるか、楽しみです」（1 年女子）も同様の気付きである。また、ある

生徒は「今日の取り組みでは1年で、できるようになった成長を見返すことで自分が頑張ったことやもっとこれからも続けていこうと思うことが見つかったので良かった。今後は今日見つけたことよりも良い行動や習慣を身につけていって正しい行動ができるようにしたい」（1年女子）とまとめ、その成長したことの一つとして「しっかり自分の意見を持てるようになった」、その要因として「クラスでの話し合いや友達としゃべっている時にしっかり自分の意見を考えられるようになったから」と書いている。

「この1年で人の前に立って行動する力や初対面の人とも仲良くなることができました。それは『プレイランドももやま』でお年寄りの方や他のクラスの実行委員会の人とコミュニケーションをとることができたからや4月からクラスのみんなと築きあげてきた絆があったからだと思います。2年生になっても色んな人と仲良くしていきたい」（1年男子）のように総合的な学習の時間による成長を書いている生徒も少なからず見られた。

　小学校1年生の生活科では、年度の最後に自己の成長を振り返る単元が設定されている。幼稚園や保育所等の生活から大きく変わり、多方面にわたって成長を遂げる1年であるために、**成長を振り返る**ことが**自尊感情の育成**につながる。中学校1年でも小学校1年と同様に成長を振り返る機会を一定時間設けることの意義を改めて実感した。

　一方で、「成長したことが、あまりないなと思いました。それは自分が変わりたいと思っていないからなのかと思います。～略～、これから自分かどうなりたいのかをしっかり考えて、行動に移していきたいです」（1年男子）という感想もあった。自己変革のきっかけになればと願う。

「自分が考えて行動に移したから成長できたこともあれば、自分以外の人から影響を受けたことが成長のきっかけだったこともあったので、私が成長することができるのは周りのたくさんの人がいるからなのだと実感できた。今日のように、普段から自分がどのように成長できたかを自分で感じ、自信につなげていきたいと思った。そして、自分が成長できたことを知り、これからに生かしていきたい」（3年女子）は、成長したこととして「やるべきことにすぐに取り組んで計画性をもつことができた」「自己主張しすぎない、尊重し合う、違いを理解しようとすることができた」を挙げている。その要因の一つとして「いつも笑顔で明るい友達に影響を受けたから」「肯定的に物事を捉えるようにした」と記述している。そして、高等学校でやりたいこととしては「『すぐやる人はうまくいく』という言葉をモットーに計画性を

持って生活する」「明るく笑顔で振るまうことで色々な人と友達になる！」と述べている。井上教務主任は「全校集会の形でしたので周りの子たちと交流しながら振り返る姿がとても良かった」「子どもがどのような視点で自分の成長を見出しているのかが分かって良かった」「通常振り返りは悪かった所を考えるが、今回反省や駄目だった所を省き、良いところだけに目を向けたのが良かった」と述べている。

　カリキュラム・マネジメントの究極は「子ども一人ひとりの学びのカリキュラム・マネジメント」である。この活動はまさしくそれに繋がるものである。1年間の自己の成長を多面的な視点から振り返り、その要因を明らかにし、そしてこれからの学びや生き方を考える。子ども自身がPDCAサイクルを廻すきっかけになればと願う。

　実は、生徒による振り返りの前日に同中学校を訪問し、事前説明を行った。説明するよりは体験してもらった方が理解してもらいやすいと考え、教員にも自己の成長を振り返る研修を行った。付せんの色の使い方は生徒と一緒である。まず、自己の成長とその要因、次年度に向けての抱負を各自書いてもらった。自己を振り返り、同僚に付せんを書いた後、互いに渡す時間を設定したが、研修会場である会議室全体が楽しく温かく感じられた。

　付せんで一番多かったのは「年間の授業の見通しを持つことができた」「見通しを持って仕事をするから早く退勤するようになった」「計画的に授業を組み立てることができたので子どもとかかわる時間が多くなった」「できる人の仕事ぶりを見て、スキマ時間を使えるようになった」など時間のマネジメントに関する項目である。同中学校はその年度より市のカリキュラム・マネジメントに関する研究指定を受けている。時間はカリマネの一要素である。教員の意識のなかにカリキュラム・マネジメントのマインドが徐々に浸透してきていると考えられる。

　井上教務主任はこの点に関して、「やるべきことが個人としても絞られてきたことが大きい」「学校としても目標が具体化されたことのなかでそれにフォーカスしたことが行われている」「また、研究指定を受けたことにより何か成果を形にすることが求められているので、それに向けて行うことが明確になった」と述べている。また、森校長も「自分のいいところを考えているだけで笑顔になると感じた。自分も楽しく書けたなと思う」「教師としてというよりも人として色々な視点から振り返れた」と述べている。大人も子どもと同様にプラス志向の振り返りの機会は有効である。

【109】

自助・共助・公助を体験する

　毎夏、講演やセミナー、教員免許状更新講習などが目白押しである。2018年夏はその矢先にノートパソコンが完全に機能不全に陥った。出張先の九州の某県教育センターのICTに長けた指導主事2名が2時間がかりで取り組んだが回復しなかった。その翌日の東京の大手電気店の専門スタッフもお手上げで「メーカー修理に2週間ほどかかる。直る保証はない」と告げられた。夜にはホテルから長男の弘城(日本福祉大学講師)に電話相談を続けていた。長男は二人の会話のスピードで検索ワードを打ち込み、考えられる解決策を示してくる。若い人たちが共通に持つ、とても真似できないスキルである。ネットワーク上には膨大な関連情報が存在している。教育センターの指導主事や電気店の専門スタッフの努力により、考えられる要因が一つひとつ取り除かれていったことも大きかった。結局、2日目の夜に機能回復に至る。

　直接かかわった様々な専門家のみならずネット上の見も知らない大勢の方の協力により解決することができた。「**時空を超えた多様な他者とのアクティブ・ラーニング**」を体験することができた。筆者が「諦めずに解決を図ろうと様々な人に協力を仰いだこと」は**自助**、解決に奮闘してくれた指導主事や長男等は**共助**と言える。この場合の**公助**にあたるメーカーの手を借りなくて済んだ。

　2019年夏はさらなる困難が待ち受けていた。本格的に講演等が始まる2日前、左足首を骨折した。翌日の甲南女子大学での前期最終授業は、徳島から神戸まで車で往復して2コマこなした。その翌日に入院、翌々日に手術を行った。傷の痛み以上に心を悩ませたのは今後の講演等がどうなるかである。この30年あまり1,000回以上の講演をこなしてきたが、天候不順による中止や延期は数回あったが、病気等でキャンセルしたことは一度もない(令和2年度から3年度にかけては新型コロナウイルスの影響でかなりの中止や延期が発生している)。

　講演は穴を空けることのできない、決して諦めることのできないものである。入院当日の八戸市の講演は鳴門教育大学大学院時代の弟子である山形大学の野口徹教授が急遽引き受けてくれた。筆者もかつて大変著名な方の入院により急遽代打を引き受けたことがあるが、その講師を目当てに集まっている参観者への講演は大きなプレッシャーであった。野口氏も代打ホームランをかっ飛ばしてくれたようで、後に届いた担当指導主事のメールに添付されていた参観者の感想は極めて評価の高いものであった。手術当日の東京での校内研修は延期していただいた。

　あろうことか。退院の日時は筆者が決めた。術後の翌朝、空路で上京し、東京での講演を果たした。その後、8月末までの40日間で講演や各種講習、教育実習訪問指導、学校研究指導、集中講義等、のべ34の用務をこなすことができた。半分近くが青森、茨城、東京、石川、富山、広島等の近畿圏外である。車いすや松葉杖での移動が大変だったが、なし得ることができたのは様々な人の助けである。

一つは**共助**（というよりは一方的な助け）である。生活面や近隣の移動に関しては家族が手助けしてくれた。各教育センターや講演会場、実習訪問先等では、車いすの準備や移動の介助等、様々な手助けを指導主事や担当者が行ってくれた。これらは**共助**にあたる。飛行機の乗り降りと空港内移動は「JAL スマイルサポーター」のスタッフが行ってくれた。**公助**にあたる。**自助**として筆者が守ったことは「できるだけ左足を上げておくこと」「アイシングを欠かさないこと」の徹底である。共助や公助による手助けがあったからこそ「何とか頑張ろう」という気持ちが沸き、乗り越えることができた。

◆2章◆主体的・対話的で深い学びによる授業改善

アクティブ・ラーニングとその功罪

　アクティブ・ラーニングという言葉が初めて出された後、筆者は「共通の課題のよりよい解を求めて、目標を確認しつつ一人ひとりが責任を持って自己の考えを表明し、協働的・共感的に進めていく問題解決的な活動」と定義付けしている[1]。そして、アクティブ・ラーニングを学習活動や学習形態の改善に留めず、このような学びを通して、「これから遭遇するかもしれない正解のない・答えが一つに定まらない諸課題に対して、一人ひとりがひるむことなく責任を持って自己の考えや思いを述べ、少しでもよりよい解を見出していくという考え方や生き方」を身に付けさせたい、このような考え方・生き方こそがこれから求められる**資質・能力**である、と捉えている。

　2015年秋のドラマ「下町ロケット」は多くの人の話題に上った。その後、シリーズ化される。この原作者である池井戸潤の作品は銀行を舞台にすることが多いが、筆者は「下町ロケット」や「ルーズベルト・ゲーム」「空飛ぶタイヤ」など中小企業が大企業に挑む類のものを好んで読む。次から次へと降りかかる難問課題に対して決してひるむことなく、同僚をはじめ他分野の経営者や技術者、弁護士、医師などの多様な立場の人たちと協力して問題解決を図っていく姿に感動すると共に、実社会におけるアクティブ・ラーニング的な問題解決の在り方のモデルを見出す。

　2019年は弱小ラグビーチーム「アストロズ」が強敵に打ち勝っていく「ノーサイド・ゲーム」にはまった。コンセプトは共通である。誰一人として答えを持ち得ない問題に対して、諦めては終わりである。多様な他者とかかわりながら如何に生きていくべきかを学ぶことが多い。なお、「アストロズ」に関しては、本書で**カリキュラム・マネジメント**の視点から分析しているので、ぜひお読みいただきたい（本書409項）。

　近年、大躍進を遂げている中高一貫校がある[2]。横浜市立南高等学校である。その附属中では、殆どの教科等においてアクティブ・ラーニングを実施している。多くの小学校から進学し少なからぬ不安を抱えてきた生徒に対して、どの教師も年度始めに徹底して「**教室はまちがうところだ**」を言い続ける。そして、「自信がなくても発表しよう」「どのような意見も受け入れ合おう」という意識を定着させる。「教室はまちがうところだ」という学校・学級文化はアクティブ・ラーニングの基盤である。

愛知県田原市立赤羽根小学校を訪問した時のことである。当時、当校は「本気で考え、実践する子の育成〜アクティブ・ラーニングで『ふるさと』に学ぶ〜」を研究主題に掲げ、各教科等において探究的な授業づくりに取り組んでいた。階段を登り切った2階廊下の真正面に「教室はまちがうところだ」[3]の全文（**写真**

写真

は全体の5分の1程度）が掲示してあった。「さすが、アクティブ・ラーニングに取り組む学校だけに、この言葉を大切にされているんですね」と感心していると。先生方もこの場所に貼られている意味を改めて理解されたようだ。

　筆者は廊下に掲げてあった全文を読み、**アクティブ・ラーニングが目指す授業づくりの基盤**となる考えはこの詩のなかに込められていると改めて確信することができた。

　特に、冒頭部分の「まちがった意見を　言おうじゃないか　まちがった答えを　言おうじゃないか」以上に、第1段後半部分の「ああじゃないか　こうじゃないか　みんなで出しあい　言いあうなかで　ほんとのものを　見つけていくのだ　そうしてみんなで　伸びていくのだ」が重要である。「教室はまちがうところだ」は何か正しい答えがあることが前提になっているが、後者は「**教室は何かを創り出すところだ**」といった考えが基盤にある。そこには、正しい答えやまちがった答えという考えは存在しない。アクティブ・ラーニングの授業づくりに取り組む学校・教師は、この折にこの絵本を読まれることを勧める。

　今回の**学習指導要領改訂の基本的な考え**を示したのは、2014年11月20日の「**初等中等教育における教育課程の基準等の在り方について**」の下村博文文部科学大臣（当時）の諮問である。「今の子供たちやこれから誕生する子供たちが、成人して社会で活躍する頃には、我が国は、厳しい挑戦の時代を迎えていると予想されます。生産年齢人口の減少、グローバル化の進展や絶え間ない技術革新等により、社会構造や雇用環境は大きく変化し、子供たちが就くことになる職業の在り方についても、現在とは様変わりすることになるだろうと指摘されています。また、成熟社会を迎えた我が国が、個人と社

会の豊かさを追求していくためには、一人一人の多様性を原動力とし、新たな価値を生み出していくことが必要となります」と次代を見据えた上で、「我が国の将来を担う子供たちには、こうした変化を乗り越え、伝統や文化に立脚し、高い志や意欲を持つ自立した人間として、**他者と協働しながら価値の創造に挑み、未来を切り開いていく力を身に付けることが求められます**」と示した。**育成を目指す資質・能力**の考えの萌芽が見られる。そして、このような資質・能力の育成のために、「『何を教えるか』という知識の質や量の改善はもちろんのこと、『どのように学ぶか』という、学びの質や深まりを重視することが必要であり、課題の発見と解決に向けて主体的・協働的に学ぶ学習（いわゆる『アクティブ・ラーニング』）や、そのための指導の方法等を充実させていく必要があります」と提言した。

　その翌日、研究室に複数の教育委員会から電話による問い合わせがきた。全てが「アクティブ・ラーニング」についてである。当時、筆者は「**育成すべき資質・能力を踏まえた教育目標・内容と評価の在り方に関する検討会**」の委員として、国が学習方法まで示すことに反対の意を述べた一人である。「学習指導要領の中で目標と内容を示し、また、評価の観点も示してきたが、方法については示してこなかった。我が国は各教科等において様々な研究団体・組織が多様な指導方法・学習方略を開発・提案し、豊かな実践を生み出してきた歴史がある」が主な理由だ。しかし、「アクティブ・ラーニング」を提言した。教育委員会はそこに一番反応したのである。

　長年にわたり主に小・中学校の授業改善にかかわってきたが、「アクティブ・ラーニング」の登場以降、確かに授業、特に中・高の授業が様変わりしてきているという実感があり、随所で紹介もしてきた[4]。「アクティブ・ラーニング」は我が国の教育界に大きなインパクトを与えたことは確かである。

(1)　共存の森ネットワーク編、村川雅弘・藤井千春監修『森の学校　海の学校〜アクティブ・ラーニングへの第一歩〜』日本文教出版、pp.182-189、2016 年。
(2)　高橋正尚・小藤俊樹『成功事例に学ぶ　カリキュラム・マネジメント』教育開発研究所、2019 年。
(3)　蒔田晋治『教室はまちがうところだ』子どもの未来社、2004 年。
(4)　村川雅弘編『学力向上・授業改善・学校改革 カリマネ 100 の処方』教育開発研究所、2018 年。

【202】

アクティブ・ラーニング成立七つの条件

　アクティブ・ラーニングという言葉が公的に示されて以降、筆者も学校現場と共に模索してきた。特に、新学習指導要領の実現に向け、先導的に事業を展開してきた高知県(1)や広島県(2)などを中心に多くの小・中・高等学校を訪問し、各教科や総合的な学習の時間、道徳の授業づくりや参観、協議を通して、筆者なりに**アクティブ・ラーニングの成立条件**を整理してきた(3)。

　一つは「**受容的な関係づくり**」である。まさに「**教室はまちがうところだ**」の徹底と言えよう。自分の考えに自信がなくても、答えが明確でなくても、自分の話を聴いてくれる、受け入れてくれる、分かろうとしてくれる仲間がいるという安心感が、一人ひとりの思考と表現を促進する。受容的な関係が学級を中心とした集団のなかで構築されていることが求められる。

　2018年の平昌オリンピックでの女子カーリングの日本代表「ロコソラーレ」の活躍（銀メダル獲得）は記憶に新しいが、印象的だったのが「**そだねー**」と笑顔である。どのような状況下にあっても一人ひとりが自己の考えを述べ、お互いに受け入れ合い、協働的に問題解決を図っていった。これがまさにアクティブ・ラーニングが求めているものだと確信した。

　一つは「**問いや教材の工夫**」である。「生活や社会、将来とつながっていて面白そうだ」「何とかして解決したい」といった関心や意欲が引き出す問いや教材、多様な考えや対立する意見が出やすい問いや教材の工夫である。

　子どもの学習意欲を引き出す上で「**ARCS（アークス）モデル**」が参考になる。教育心理学者のジョン・ケラーが提唱したモデルで、日本では鈴木克明熊本大学教授が第一人者である。ARCSは「Attention：注意喚起（面白そうだ）」「Relevance：関連性（役に立ちそうだ）」「Confidence：自信（やればできる）」「Satisfaction：満足（やってよかった）」の頭文字を取ったものである。特に、前者二つは授業の導入において有効である。

　一つは「**子ども主体の言語活動**」である。教師が子どもたちの考えを繋いだり整理したりしている授業を見かけることが多い。言語活動のファシリテートを子どもたちに任せてみてはどうか。小学校低学年でも経験を積み重ねていけば、異なる考えを受け入れたり、比べたり繋げたり、まとめたりすることは十分にできる。比較的短期間で**生徒指導改善**や**学力向上**を果たした学校では、「**言語活動を子どもに委ねる**」ための具体的な手立てを講じている。

一つは「思考を促す適切な手法」である。総合や教科を問わず「思考ツール」がよく使われるようになった。一人ひとりの考えを引き出したり、相互の考えを比較しまとめたり、多様な情報を整理・分析する上で極めて有効に働いている反面、「子どもの豊かな思考を妨げる」「本来の授業の展開とは異なる方向に思考が流れる」といったミスマッチも少なくない。適切な手法を取り入れていきたい。

　一つは「個人思考と集団思考のバランスと関連」である。集団思考の前に必ず個人思考を組み入れたい。まずは自己の考えを持たせて話し合いに臨ませたい。どうしても思いつかない子どもがいる場合は、少しペアでの対話を通して個人思考を促すことは効果的である。そして、授業の終末では必ず、「今日の授業や話し合いを通して、自分の考えがどのように高まったか、深まったか、どのような学びをしたから深まったのか」を振り返らせたい。

　一つは「個に応じた表現方法の多様性の保障」である。表現力には個人差がある。得意・不得意がある。書いたり話したりする以外にもメモやイラストによる表現もある。少しでも自分の考えを形にしておこうとすることが大切である。話し合いを通して少しずつあいまいな考えを確かなものとし、よりよい解を見出していけばよい。

　一つは「正答主義・正解主義の呪縛からの脱却」である。「自分の考えを書きましょう」と述べても、ノートやワークシートが空白のままの子どもは少なくない。「ノートやワークシートは綺麗に書く、正しい答えを書く」という意識が強い。改めて先に述べた「教室はまちがうところだ」を徹底し、そのための手立て（例えば、「ノートにメモ欄を設ける」「自信がなくても思いついたことを何でも書き留めるものがワークシートであることを確認する」）が求められる。

(1)　村川雅弘「能力ベイスの探究的な授業づくりを中心としたカリキュラム・マネジメント」村川雅弘・吉富芳正・田村知子・泰山裕編著『カリキュラム・マネジメント実現への戦略と実践』ぎょうせい、pp.116-124、2019年。
(2)　広島県福山市立城北中学校「指導と評価の共有化で資質・能力を育てる授業づくりを目指す」『新教育課程ライブラリ Vol.12』ぎょうせい、pp.22-25、2017年。
(3)　共存の森ネットワーク編、村川雅弘・藤井千春監修『森の学校　海の学校〜アクティブ・ラーニングへの第一歩〜』日本文教出版、2016年。

【203】

新学習指導要領が求める単元・授業づくりモデル

　本書401項でも述べているように、カリキュラム・マネジメントには多様なレベルがあるが、究極は「子ども一人ひとりの学びのカリキュラム・マネジメント」（以降、「子どもカリマネ」と略す）である[注]。

　図1は「子どものカリマネ」のpdcaを「育成を目指す資質・能力」の3つの柱を基に、八釼明美氏が中心に考案したモデルである。「単元・授業のカリマネ」に関わる

図1　「子どものカリマネ」のpdca

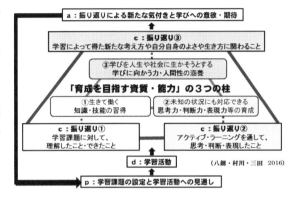

PDCAと区別するために、「子どものカリマネ」に関わるpdcaは小文字表記としている。

　子ども自らが、単元や授業等の「d：学習活動」を振り返る際に、「育成を目指す資質・能力の3つの柱」を踏まえて、「c①：何がわかったか、できるようになったか」「c②：どのように考えたり表現したのか」「c③：学習を通してどのような新たな考えや、自分自身のよさや生き方を得ることができたか」を振り返る。この振り返りを通して、「a：新たな気付きや次の学びへの意欲や期待」を元に、次の単元や授業等において「p：自ら課題を設定し、学習活動への見通しを立てる」というものである。このような学びのpdcaサイクルを繰り返し経験することで、自ら学びをマネジメントしていく子どもが育まれていくと考えている。

　しかし、「子どものカリマネ」は、子どもの力だけで機能するものではない。それを支える教師の意図的な指導が必要である。つまり、**単元や授業レベルの教師のカリキュラム・マネジメント**（以降、「単元・授業のカリマネ」と略す）が必要である。

　「単元・授業のカリマネ」のモデル（図2）は、「子どものカリマネ」のpdcaを「単元・授業のカリマネ」のPDCAのDのなかに組み込んでいる。

Ｐでは、単元づくりの前提となる学校や各教科等、学年、学級のカリキュラム・マネジメントを踏まえて、その単元に関わる目の前の子どもや地域の実態や思いを大切にして、単元構成及び校内外の環境構成を工夫する。

図2 「子どものカリマネ」と「単元・授業のカリマネ」の相関

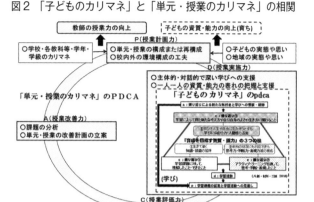

（八剣・村川　2016）

Ｄでは、「子どものカリマネ」を機能させるために、「育成を目指す資質・能力」の3つの柱を意識して、学習課題を設定し、主体的・対話的で深い学びへの支援を行う。個と集団の学びを往還させることで子ども一人ひとりの考えは広がりや深まりを見せ、再構築されるとともに、学び方が強化される。例えば、一人学びやペアやグループ、学級全体での伝え合い、思考ツールの活用等が考えられる。また、日常における学習活動の様子やワークシートやノート、言動等により、子ども一人ひとりの資質・能力の表れを把握し、学級の学習活動における子どもの生かし方を考え、支援する。

Ｃでは、単元や授業の内容・方法だけでなく、子どもの学びと育ちについて、**パフォーマンス評価やポートフォリオ評価**などの教科結果を用いて、多面的・総合的に評価を行う。

Ａでは、評価を基に、単元や授業についての課題を分析し、単元の再構成を行う。例えば、**週案の活用**も考えられる。

子ども自身が「子どものカリマネ」のpdcaを単元あるいは授業ごとに回し続けること（学び）で、子どもの資質・能力（育ち）の向上を期待する。また、教師自身が「単元・授業のカリマネ」のPDCAを単元あるいは授業ごとに回し続けることで教師の授業力の向上を期待する。なお、校内の教職員が一同に授業力の向上を図るためには、意図的な校内研修が求められる。

（注）　村川雅弘「今次改訂が求める授業改善・学校改革と『カリマネ』」村川雅弘編『学力向上・授業改善・学校改革 カリマネ100の処方』教育開発研究所、pp.11-18、2018年。

【204】

新学習指導要領が求める単元・授業づくりモデル（小学校国語）

　前項で示した「『子どもカリマネ』の考えを踏まえた『新学習指導要領が求める単元・授業づくりモデル』」を基にした**小学校国語の単元モデル**が図1である。2016年度に5年国語の物語教材「世界でいちばんやかましい音」（全11時間：東京書籍）の単元を対象に作成した。作成者は、高知県小学校の徳広道子教諭（作成当時は鳴門教育大学教職大学院生）である。

図1

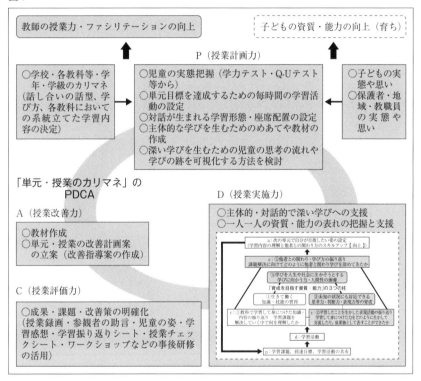

　P段階では前提として、児童の実態を捉えるために県版学力テストやQ-Uテスト等から**学級のよさと課題**を把握した。そして、実態を基に学級のよさを生かしながら課題を解決のための手立てとして、「**主体的・対話的で深い学び**」（実践当時は「アクティブ・ラーニング」）の手法を取り入れた。

　また、地域・保護者・教員対象の学校評価アンケートの結果や町内統一の

「授業づくりスタンダード」が反映できるように授業設計を行った。

　授業設計において特に意識したのは、話し合いが活発になるような座席配置、児童一人ひとりの思考の可視化を行うための思考ツールの活用、単元を通しての学びの足跡を踏まえての話し合いを促進するための本文を拡大したシートの活用である（写真）。

写真

　D段階で、児童が自己の考えを持った上で話し合いに臨み、児童の力で学習目標を達成できるに言葉がけや資料提示を意識した。

　C段階では、授業中及び授業録画記録による子どもの把握、「振り返りシート」における感想、参観者からの助言、「アクティブ・ラーニング確認シート」（資料1）を基に授業者自身が、目指す授業が実現しているのかを振り返った。A段階ではC段階で明らかになった課題が次時に向けて改善できるよう改善指導案や教材を作成した。

　徳広教諭は「PDCAサイクルを回しながら授業を行うことで、児童の力でアクティブ・ラーニングを実現していく姿が見られるようになった」と述べている。実際、徳広教諭の授業を初めて参観した時には、その教科が得意と思われている児童が発言すると他の児童は口を噤む光景が見られた。しかし、授業改善を始めてから2ヵ月も経たないうちに、授業中だけでなく、休み時間になっても

資料1

ALある評価シート

月　日　（　）校時

授業展開（場面）	AL（アクティブ・ラーニング）型授業の視点	チェック	メモ
前時の振り返り	①ノートや掲示物（構造紙や作品）をもとに教師主導／児童（生徒）同士で振り返る場面の設定がある		
学習課題（めあて）の提示	②本時のねらいの実現に向けたものとなっている		
	③学習課題は児童（生徒）にとってわかりやすく、取り組みたいと思えるものである		
問いの共有	④問いの共有（求められていること、わかっていること、わからないことは？）を行っている		
	⑤学習活動の流れを確認し、評価規準を教師が示している／児童（生徒）と決めている		
自力解決	⑥思考できる十分な時間を設定している		
	⑦児童（生徒）一人一人の進度や思考内容を確認している（例：座席シートや赤ペンを持って）		
	⑧自力解決が進んでいない児童（生徒）に対して、何に困っているのかを把握し、支援を行っている		
	⑨自力解決が進んでいる児童（生徒）に対して、考えを説明できたり、新たな考えが書けるように支援を行っている		
ペアやグループ・全体解決	⑩課題解決のための活動（例：考えを一つにまとめる、友達の考えを理解する、自分の考えに新しい考えが加わる、共通点や相違点をまとめる、おたがいの成果物にアドバイスし合い・より良いものにしていく）を取り入れている		
	⑪課題達成に向けて進めるように、児童（生徒）同士の関わり合いの支援を行っている		
	⑫活動内容（例：ディベートや全体共有等）に適した全員の顔が見渡せる机配置（コの字型等）を行っている		
	⑬児童（生徒）同士の話し合いができる場を設定し、混乱したり話が煮詰まった時は支援を行っている		
	⑭児童（生徒）間の意見がつながるように指名の順番（少数派から、反対派から、あまり意見が言えない児童（生徒）から等）を工夫している／児童（生徒）が司会をしながら全体解決を行っている		
	⑮児童（生徒）が発言した言葉を使用し、構造化した板書を作成している		
まとめ	⑯児童（生徒）が発言した言葉を使用してまとめた		
	⑰ノートをまとめるための時間を適切に設定している（低学年：板書を丁寧に写す、中学年：板書＋自分の考えを吹き出しや赤印を使用してまとめる、高学年：板書を写さず自分自身で本時の学びを構造化してまとめる、など）		
振り返り	⑱本時の学習のめあてを達成することができたか、友達の考えから学んだこと、新たにやってみたいこと等が書けるように支援を行っている		
	⑲次時の学習活動への意欲づけを行っている（本時の頑張りを褒める、次時の学習活動を知らせる、など）		

輪になり話し合いを続ける姿を目の当たりにするようになった。

「次の国語の授業も楽しみ」とつぶやく児童、「自分たちで話し合ってまとめたい」と伝えてくる児童の姿が見られるようになった。話し合い活動においても、**話し合いの仕方（話型）**を具体的に伝えたことで、自分たちの力で課題解決が行える力が身についていった。例えば、意見が複数に分かれていた時は、「同じ意見同士で集まろう」と座席配置を工夫したり、意見を伝え合う時も「まだ意見言ってない人から聴こう」と一人ひとりを大事にした発言が聞かれたり、話が脱線してきたと感じた児童が「めあてをもう一度確認しよう」と全体に呼びかける姿が見られた。

　資料２は単元のまとめとして児童Ａが書いた感想である。あえて、「**育成を目指す資質・能力の３つの柱**」で分類してみた。①は自分が学習して新たに得た知識や最初はおぼろげだった内容が自分の言葉で説明できている。②は学んだことの感想など自分の考えや気持ちを表したものや、

資料２

> Ａさんの感想：
> 　世界でいちばんやかましい音を学習してわかったことは、この物語文はガヤガヤの町の人や王子様そして人々がいろいろな変化を起こしていることがわかりました（①）。
> 　頑張ったことは意見がたくさん言えたことです（②）。これは違うなと思ったりしたことを全部口に出して言えたことです（②）。難しかったところは、みんなで一つの意見にまとめることです（③）。伝え合ってもそれはおかしいよという言葉が出たりして一つの意見にまとめるのにたくさん時間がかかってしまって難しかったです（③）。楽しかったのは、みんなで協力し合って答えが出せたことです（②）。バラバラだったことがみんなで協力したので一つにまとまったことです（②）。
> 　次の物語文で頑張りたいことは意見をたくさん出して早く答えを見つけることです（③）。

授業中に意見を発表したことについて書かれている。③は他者とどのように関わったのか、次時に向けてどのような学びをしたいのかが書かれている。

　この実践は、モデルを意識して設計・実施されたものではない。前項のモデルの有効性を探るために、モデルを踏まえて再分析してもらったものである。そのことについて、徳広教諭は「Ｐ段階では、児童の実態を把握し授業を設計する。しかし、それ以前に地域や保護者、教職員の思いを受けて研究テーマが設定され、目指す児童像に向けて取り組みを行っていること、それが授業に反映され、さらには学校のカリマネへとつながっていることが意識できた。授業実践のための全体像（PDCA）が把握しやすい。また、児童自身にも学びをカリマネする視点が示されており、児童主体の授業設計が意識しやすい」と有効性を指摘している。

【205】

新学習指導要領が求める単元・授業づくりモデル（中学校英語）

　本書203項で示した「「子どもカリマネ」の考えを踏まえた「新学習指導要領が求める単元・授業づくりモデル」」を基にした**中学校英語の単元モデル**が図1である。2016年度に、徳島県つるぎ町立半田中学校（当時）の松原梢教諭（作成時は鳴門教育大学教職大学院生）が作成したものである。

図1

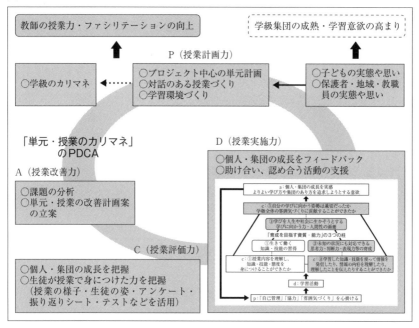

　松原教諭が目指したのは「**助け合い、認め合う英語授業づくり**」である。その基盤として「**学習意欲を高める集団づくり**」を進めた。生徒集団の成熟と学習意欲の向上を目的とした授業づくりや学習環境づくりを重視している。

　P段階では、プロジェクト中心の単元計画を行った。生徒主体のプロジェクトを成功させるためには、その前提とし「**助け合い、認め合える人間関係**」や「**安心して学習できる雰囲気**」が学級に必要である。そこで、『**教室はまちがうところだ**』（蒔田晋治、子どもの未来社、2004年）の読み聞かせを行い、その上で**生徒一人ひとりに安心して意見が言える雰囲気づくり**に何

が必要かを書かせて教室に掲示した。

写真1

　心掛けた**対話のある授業の流れ**は、「①あいさつ、②前時の復習、③学習課題の設定や目標の提示、本時の展開の確認、④知識・技能の解説（関連資料・語彙・文法）による導入、⑤ペア・個人・グループによる語彙や文法、長文読解、英問英答、音読などの学習、⑥まとめとノート整理、⑦振り返りと次時の予告、⑧あいさつ」である。生徒がいつでも確認できるように掲示（**写真1**）した。

　学習環境づくりで特に心掛けた「安心して学習できる雰囲気づくり」をさらにヴァージョンアップするために、2学期初日に「**英語授業の課題解決ワークショップ**」を実施し、生徒が英語授業の課題の解決策を話し合い、**学習に取り組む際のルールづくり**を行った。課題解決の要点は、図2に見られるように「**自分をコントロール（自己管理）**」「**協力・助け合い**」「**参加、発言しやすい雰囲気づくり**」の3点となった。そ

図2

英語授業を version up しよう！　　　H. 28. 9　2年A組

生活習慣

- 居眠りする人を注意する、起こす
- 眠たくならないように前日にしっかりと睡眠をとっておく
- しっかり朝食をとる
- 居眠りしない

家庭学習

- 提出期限までにきちんと宿題を提出する
- 「勉強する時間」を家で作る
- 宿題ができてない人を注意する
- 家でしっかり復習する

自分をコントロール

- ふざけない、いじけない
- 空気を読む
- 授業に真剣に取り組む
- 人の話をしっかり聞く
- 人の話を聞き、ちゃんと考える
- むだ話をせずに集中する
- 机の上を整理する

協力・助け合い

- 普度から人と気軽に話すように心がける
- 英語以外でも協力し合う
- 助け合う
- 話し合う
- ペアの意見交換では私語に気をつける
- 教え合う
- 答えではなく考え方を教える
- 相手のことを気にかける
- 私語は注意し合う
- 私語をしていたら「しー」

参加、発言しやすい雰囲気づくり

- わからないところは先生に聞く
- 積極的に発言しあえる雰囲気づくり
- 発言を全て否定しない
- ポジティブでいる
- 積極的に発言・発表をする
- 英語ができないと決めつけない
- 手を挙げて、楽しい授業にする
- 変わった意見にも耳を傾けてみる

こで、この３点を意識して授業に取り組むことを生徒と約束し、毎回授業での達成度をA・B・Cの３段階で振り返りシートに記入させた。

　D段階では、生徒は英語授業の課題解決に向けて「自己管理」「協力」「雰囲気づくり」に意識して授業に取り組み、実際に課題解決のために行動に移すようになった。

　また、英語によるコミュニケーションが円滑になるようにも工夫した。例えば、**１分間ペアによる会話**"One minute chat"では、自由で応答的な対話を実現するために"Reaction Words"や"5W1H questions"を導入した（**写真２**）。

　授業の最後に毎回書く「**振り返りシート**」には、次のような記述が見られた。「私語をしてしまったとき、パートナーが注意してくれた」「昨日より多くのことを教え合えた。先生にもわからないところを質問したい」「教えることは少ししかできなかったけど、雰囲気づくりはできたと思う」「グ

写真２

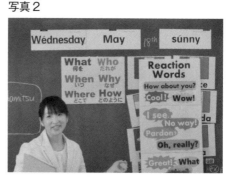

ループ学習では役割分担を決めて早く製作に取り掛かれた」。

　松原教諭は生徒の「**雰囲気づくりにつながる行動**」を見つけては一つひとつ承認し評価を行った。その結果、振り返りシートの記述には「雰囲気づくり」に関する内容が増えていった。挙手すること以外にも学級の「参加・発言しやすい雰囲気づくり」に貢献する方法があると感じ、それを行動に移し始めた生徒が増えたことが要因である。英語授業で毎回実施した**振り返り**では目標達成状況の他に、友達との協力についても記録させた。個人及び集団の成長をフィードバックするために、そのコメントをまとめて学級の背面掲示板に掲示し、友達への感謝の気持ちを学級全体で共有した。**個人や集団の成長を教科通信や掲示物を通して可視化し、達成感や集団への貢献感を味わわせ、次の活動への意欲につなげた。**

　C段階・A段階では、個人及び集団の成長をアンケートや授業中の様子から見取り、成長の要因や課題について考察し、それを次時の授業展開に活かした。例えば、「読む」スキルが十分に育っていないと感じたときは、ペアで助け合って音読や長文読解に取り組む場面を意図的に組み込み、授業改善

を図った。

　生徒自身が英語学習のpdcaを回し、学び方を改善し続けた結果、生徒は自律的で自治的な集団に成長した。また、協力し合える人間関係や安心して学習できる雰囲気が学級に生まれたことで授業への集中度が増し、学習意欲を向上させることができた。

　この実践もモデルを意識して設計・実施されたものではない。モデルを踏まえてあえて分析してもらった。そのことについて、「生徒自身に英語学習のpdcaを回転させることで学習意欲向上と学級集団の成熟を目指した。モデルにあてはめることで、授業づくりと生徒の取り組みの関連性や目標達成の手立てを表すことができる。今後は、**単元レベルの長期的なビジョンをもって取り組むこともできる**」とモデルのよさを指摘する一方で、「授業においては『学びに向かう力・人間性』の育成を重視して振り返りを行い、生徒自身がこれらを評価して次時の改善につなげている。しかし、①『知識・技能』や②『思考力・判断力・表現力』については生徒自身による評価が少し難しい。『これができれば目標達成』と明記するなどの工夫が必要」と述べている。

【206】

授業づくり・単元づくりのモデルを自ら構築する

　筆者は前任校の鳴門教育大学において32年間、現職教員である大学院生を指導してきた。その多くは、理論研究に留まらず、教材や授業として具体化し、実践を通して現場に還元してきた。その際に大切にしてきたことは、**単元レベルで開発すること**、具体的な単元を開発するための**モデルを構築すること**である[(1)]。文献研究や先進的な事例研究で学んだことを、**自分の枠組みで整理し直すこと**で、自分のものとなる。だから他者に伝えることができる。モデルを構築することで、そのモデルをベースに他の単元や分野、他教科に援用することができると考えてきた。

　図1は高知県の山崎美樹教諭（作成時は鳴門教育大学教職大学院生）が、中学校における「**探究的な授業づくりのためのチェックリスト**」として作成したものである。同時に当時の置籍校が目指す授業のモデルを示している。

図1

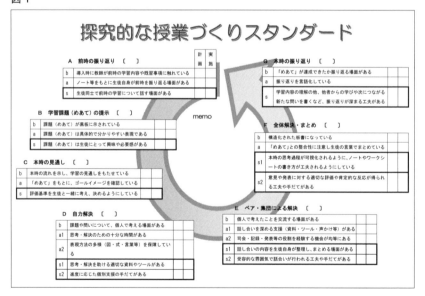

　山崎教諭は国語科でこのモデルに従って単元を開発し実施し、その上で徐々に他教科へ援用していった。このような共通のモデルで授業づくりを行うことで、**教科を越えた授業の設計・実施・評価・改善に関する協議がかみ**

合い、建設的なものとなる。教科や単元によって変更やアレンジした場合でも、共通モデルが存在することで「どこをどう変えたのか」が明確となる。

　学部授業においても**単元づくりのモデルを学生自身に構築させてきた**。

　例えば、東京のＡ大学で「総合的な学習」の集中講義を隔年で行っている。テキストや配布資料、授業映像等を通して具体的な事例を紹介しつつ、この時間の趣旨や目標、教材研究や単元計画、授業設計、指導・支援、家庭や地域との連携のあり方等々について考えさせ、その上で解説する。

　授業最終日に、テキストや配付資料、書きためたワークシートのなかから**単元づくりのポイント**を各自付せんに書かせ、4〜5人のチームで整理を行わせる。多くの事例を知ることは具体的な単元づくりに役立つかもしれないが、総合的な学習の時間の実践に同じものはない。子どもや地域、学校の実態や特性が異なるからである。大切なことは、**単元づくりの基本的な考え方や枠組み**である。筆者も作成にかかわったが、文部科学省の「**総合的な学習の時間の指導資料**」[(2)] には全体計画や単元計画等の作成の仕方が具体的に示されているが、実践経験の乏しい学部学生では文字面（づら）の理解に留まってしまう。**学生自身で具体的な事例分析を通して構築したモデル**は、それを基に単元を作ることをより容易にする。

　同様の発想で開発した集合研修が、石川県で実施していた**総合的な学習の時間に関する初任者研修**である。

　まず、講義形式で、総合的な学習の時間の趣旨や単元作成のポイント、具体的な実践事例を2時間近く熱く語る。その際に、授業づくりや展開の手だてに関する項目（「課題の設定」「情報の収集」「整理・分析」「まとめ・表現」「振り返り」の学習過程の5段階及び「教材開発」「評価」「教科等との関連」「家庭・地域との連携」「その他」の視点）からなるワークシート（A3判）に各自メモをとりながら傾聴してもらう。その後、メモのなかから単元づくりに関する教師の手立てを中心に付せんに記述する（**写真1**）。

写真1

　そして、5〜6人のチームで、その手だてを整理・構造化させる。成果物として、**総合的な学習の単元づくりの基本モデル**ができあがる（**写真2**）。

次に、四つのチームが一つのグルー
プになり、各チームから発表担当の１
〜２名を残して他のチームの発表を聴
きに行く。各チーム５分の発表を３回
行う。発表者はローテーションである。
初任はこの**モデルを基盤に単元づくり**
を行うだけでなく、その後に出会う
様々な事例をそのモデルで分析・整理
していくことが可能となる。

写真２

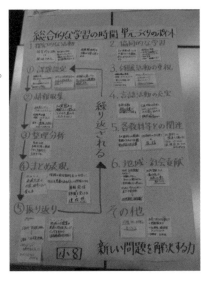

　学部や大学院及び初任研修で筆者が
取り上げる事例は質的に高いものであ
る。学生や若い教員に「凄い！」「私
には無理！」という印象を持たれては
逆効果である。素晴らしい実践には必
ず手立てがある。それを見つけ出し、
自らの言葉で意味づけ整理することで、活用できる知識となる。具体的な事
例を元に自らが**帰納的に作り上げた授業づくりのポイント**は具体的な実践を
自ら計画・実施していく上で有効である。また、教職において今後新たに出
会う各事例を読み解く上でも活用できる。

　若手は経験を積み重ねることによって学級経営や授業づくりの基盤を築い
ていく。しかし、現状ではゆっくりとした成長は待てない。このような主体
的・対話的な研修により**教師としての力量向上**が加速すると考える。

　また、総合的な学習の時間だけでなく、学級経営や生徒指導などに関して
も、ベテラン・中堅の講話や事例を分析・整理し、作成したモデルを活用す
るという研修が考えられる。

(1)　村川雅弘「教育工学的な考え方を実践研究にどう反映させるか」吉崎静夫・村川雅
　　弘編著『教育実践論文としての教育工学研究のまとめ方』ミネルヴァ書房、pp.166-
　　209、2016 年。
(2)　文部科学省『今、求められている力を高める総合的な学習の時間の展開　総合的な
　　学習の時間を核とした課題発見・解決能力、論理的思考力、コミュニケーション能力
　　等向上に関する指導資料』（小学校編・中学校編・高等学校編）教育出版、2011 年・
　　2013 年。

【207】

「思考ルートマップ」再考

　授業づくりや単元づくりにおいて重要なことは、その課題や教材について**学習者の姿や思考**をどれだけ具体的に想定できるかである。開発されたのはかなり前であるが、お勧めしたい手法が**「思考マップ法」**[注]である。思考マップは**「思考のルートマップ」**や**「思考過程のモデル図」**とも呼ばれる。授業中に**学習者がたどると予想される思考の流れ**を推測し構造化したものである。思考マップを事前に設定しておき、それに従って**授業の設計や評価**を行うことを勧める。

　作成方法として、以下の三つがある。①目標分析と単元構成を終えた段階で、複数の教師でその単元や題材に関する指導経験を元に子どもの思考ルートを記入し、構造化する。②新しい単元や題材の場合には、実際に行った授業記録に基づき、授業に出てこなかった思考ルートを補充して構造化する。③数名の学習者に対して、**診断バズ**を行った記録を元に、思考マップを作成する。

　思考マップは実施段階でも有効である。実際の授業での学習者の思考ルートを比べることで、学級全体や抽出児童・生徒がどこをどうたどっているのか、どこでどうずれているのかを把握できる。思考マップを作成することで、授業設計と展開において教師に余裕と柔軟性が出てくる。子ども一人ひとりの思考を捉える上でも、思考マップは有効である。

写真

　近年、お勧めしているのが**「ウェビング法」による教材研究**である。主に、生活科や総合的な学習の時間で実施することが多い。児童・生徒や地域、学校の実態や特性、児童・生徒や地域の様々な人、保護者、教師の思いや願いなどを踏まえて、課題や活動が設定されるからである。

　本書502・503項で紹介している淡路市立志筑小学校も年度始めに各学年の探究課題にかかわるウェビングを学年ごとに行った（写真）。

　以前は、模造紙等に直接書き込んでいたが、最近は付せんを勧めている。付せんの色に「人」「自然」「教科等関連（行事を含む）」などの視点を与え、意識するようにしている。また、関連資料や当該学年の教科書、インターネットに繋がったパソコンやスマホを活用することで、経験知だけに頼らずに広い視野からアイデアを拡げることができる。このウェビングを元に、子どもがどんなことに興味を持ったり活動を行ったりしていくのかを想定し、その上で年間指導計画を作成していくのである。

（注）　村川雅弘「思考マップ法」、東洋・梶田叡一ほか編『現代教育評価事典』金子書房、pp.275-276、1988年。

主体的・対話的で深い学びを実現する授業づくり研修

「主体的・対話的で深い学び」の授業づくりのワークショップを初めて行ったのは、2017 年 4 月である。岡山県真庭市立遷喬小学校の松浦浩澄教諭（現同市立勝山小学校）より、「主体的・対話的で深い学びの授業づくりを行いたいが、教員間で具体的なイメージが持てない」という相談があり、研修開発の相談に乗った。**資料 1** が松浦教諭作成の研修プランである。

「主体的・対話的で深い学び」に関しては中教審答申でも述べられており、その後の講演や研修等で各教員は諸説聴いている。「**アクティブ・ラーニング**」に関する書籍も数多く出版されている。その分、どの学校でも教員には迷いも多かった。それは今も変わらない。

　そこで、講演や書籍を通して理解したことも踏まえつつ、これまでの日々の授業を思い起こし、どのような子どもの姿を「主体的な学び」「対話的な学び」「深い学び」の現れと捉えるか、そのような姿を引き出すためにどのような手だてをとっているか、を付せんに書いてもらい、チームで分析・整理してもらった。その際に用いたのが「**マトリクスシート**」（**写真**）である。縦軸を「**子どもの姿**」と「**教師の手だて**」、横軸を「**主体的な学び**」「**対話的**

写真

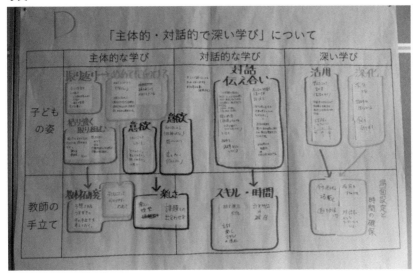

資料1

種別	校内研修	研修タイトル	「主体的・対話的で深い学び」について考えるWS研修

本研修の目的	①遷喬小学校の先生方が子どもの「主体的」「対話的」で「深い学び」の姿を具体的にイメージできる ②子どもの姿がイメージでき、教師がどんな手立てをしたらいいかを考える

工夫した点	①「主体的・対話的で深い学び」について正しく理解するために文部科学省から出されている資料を主に活用する。 ②既存の手持ち資料も参加者の理解を助けるために活用する。

研修の概要	実施時期	年度初め（4月26日）
	対象者	遷喬小学校職員
	研修形態	グループに低・中・高が入った3チームに分かれる
	準備物	文科省発の「主体的・対話的で深い学び」についての資料 手持ち資料（学び合いのための発問集等） マトリクスシート 付せん　ペン（8色程度） パソコン・プロジェクタ
	時間	45分

研修全体の流れ（時間）	研修の進め方（○）および留意点（・）
①本日の研修についての説明（7分）	○趣旨説明と「主体的・対話的で深い学び」についての基本的な説明を行う。 ・時間を取り過ぎないようにするが、「主体的・対話的で深い学び」については過不足なく説明できるようにしておく。
②マトリクス法についての洗い出し（20分）	○先生方が自分の考える「主体的」「対話的」「深い学び」について付せんに書いて貼ってもらうようにする。 ・総合的な学習の時間・生活科に限らずどの教科で考えても良いことを知らせる。 ・どちらの項目に入れて良いか迷うような場合は項目にまたがるように貼っても良いことを伝え、遷喬小学校が考える「主体的・対話的で深い学び」を作っていくということを強調する。 ○残り時間を見て、グルーピング、ラベリングを行うようにする。
③グループごとに発表（10分）	○各グループで話し合った結果を3分程度で発表する。
④発表の集約・まとめ（8分）	○各グループに共通する点、さらに議論すべき点を洗い出して参加者にフィードバックする。 ○本研修の結果を踏まえ、研修部で遷喬小が考える「主体的・対話的で深い学び」についてまとめ、低中高学年で実態に応じて具体的な姿を整理していく場を設けることを伝える。

な学び」「深い学び」とした。

　成果を少し紹介する。「**主体的な学び**」の姿としては「自らの学習を振り

返り、どうすればもっとよくなるか、どう自分が変容してきたかを書ける」（振り返り）、「めあてに向かって（様々なやり方で）目標を達成できるように、活動を楽しみながら進めている」（めあてに向けて）、「困ったり分からなかったりしても投げ出さない」（粘り強く取り組む）、「やってみたい、考えてみたい、作ってみたいと思う」（意欲）等と書かれている。そのような姿を引き出すために、「予想されるつまずきとその手立てを考えておく」「子どもにとって分かりやすいめあて」（教材研究）、「課題との出会わせ方」（楽しさ）等が挙がっている。

「**対話的な学び**」の姿としては「一つの問題の解決に向けて、一人一人が自分の考えをもち、発表し合いながら子ども同士で解決することができる」「自分の考えをもち、他者の考えと比べながら聞く」「友だちの発表を聞いて、自分の考えに取り入れ、新たな発見をもつことができる」（対話・伝え合い）等と書かれている。手立てとしては「話す時間の確保」「話す・聞くスキルの強化」（スキル・時間）等が挙がっている。

「深い学び」に関しては割愛する。

幼稚園や小学校では、年少・年中・年長や低・中・高学年に分かれてワークショップを行うとよい。各々の成果を比べ、発達段階による子どもの姿と手だての共通点や相違点を明らかにしたい。中学校や高等学校では、教科や総合的な学習の時間、道徳、特別活動に分かれてワークショップを行うとよい。教科等による子どもの姿と手だての共通点や相違点を明らかにしたい。

遷喬小での試行以来、校内研修や教育センター研修あるいや教員免許状更新講習などでも行っている。

例えば、教育センター等の集合研修において十分時間が取れない場合には、**資料2**の様式のA3シートを用いる。ペアまたは3人で話し合いながら記述していくと15分から20分ほどでほぼ埋まる。学校種が異なる場合には、幼稚園、小学校、中学校、高等学校に分かれて行う。

資料2

	期待される子どもの姿	引き出す教師の支援・手立て
主体的な学び		
対話的な学び		
深い学び		

　ある市の研究主任研修の幼稚園教諭ペアの成果物の一部を紹介する。

「主体的な学び」の姿（→の前）と手立て（→の後）として、「やりたいことを実現させるために必要なものや人（友達や先生など）、場を自分で考える・選ぶ・探す・要求する」→「十分な時間と場を保障する」、「やりたいことに向かって試す・工夫する・繰り返す」→「十分な時間を保障する」「やろうとすることを受け止め、認め、見守る」、「困った時にはすぐ援助できるようにする」などが書かれている。**「対話的な学び」**の姿や手立てとして、「友達の思いを聞く・知る」「友達の思いを受け入れる」「友達から刺激を受ける」→「互いの思いに気付けるような機会をつくる」「思いを整理する」などが書かれている。「**深い学び**」の姿と手立てとして、「友達の意見を取り入れながら遊びを進める」→「肯定的に見守る」「（必要に応じて）仲立ちする」「共感する」が書かれている。

　15分間という短い時間であったが、**具体的な子どもの姿とそのような姿を引き出すための教師の指導・支援のあり方が書かれている。**

　例えば、「一人一人が自分の考えを持つ」（主体的な学び）から、「他者との対話が成立し、他者の考えと比べたり関連付けたりできる」（対話的な学び）。そのことを通して、「よりよい解決策を見出したり新たなより高度な課題を見出す」（深い学び）ことにつながる。**資料２**の様式は「子どもの姿」と「そのための手立て」の関連を明確にしやすくするために改変したが、本来、「主体的な学び」「対話的な学び」「深い学び」は相互に関連しており切り離せないものである。あえて「主体的な学び」「対話的な学び」「深い学び」に分けて考え、「子どもの姿」と「教師の手立て」の関連を明確にするだけでなく、三つの学びを越えて「子どもの姿」をつなげたり、「教師の手立て」を関連付けたりしていきたい。

　校内研修と集合研修での共通の反応の一つが「主体的・対話的で深い学びの子どもの姿もそのための教師の手だても、これまで出会ったあるいは自分自身が行ってきたよい授業に共通に見られたことに他ならない」ということである。

　筆者自身、大学２年生の時にビデオで視聴した金沢市の小学校６年の授業（子どもが司会や板書をし、各班の実験結果に基づいた話し合いを通して法則を見つけ出していく理科授業）が研究者の道を選ぶようになるきっかけとなっているが、40年以上前に出会った授業もまさに「主体的・対話的で深い学び」であった。

◆3章◆アクティブ・ラーニング型の教員研修・教師教育

アクティブな研修から生みだす教師力

　おおよそ40年以上にわたり学校現場に関わってきた。文部省や文部科学省の研究開発学校、国立大学の附属学校、研究指定を受けている公立学校など、毎年十数校ほど授業改善や学校改革に関わっているが、その半数以上の学校への訪問回数は年間1、2回である。それでも授業や学校は変わる。授業や学校を変えたのは教職員に他ならない。筆者が変えたのは「研修」である。ワークショップ型の研修を導入・定着させてきた。

　資料はカリキュラム・マネジメントに関する講演の際に用いるスライドの一つである。対象によって比率は異なるが必ず「**カリキュラム・マネジメント**」と「**ワークショップ型研修**」の話をセットで行う。

資料

「学校現場は全国共通の学習指導要領を踏まえた上で、子どもや地域の実態に応じて教育目標を設定し、その実現に向けて限られた施設・設備や時間（勤務時間と子どもの学習時間）、予算そして人材を有効に活用して、最大限の教育効果を上げることが求められている。では、資源のなかで最も大化けするのは何か、それは**人的資源**である。日本の教師は高い能力を持っている。しかし、我が国には自らの能力を発揮することを躊躇する文化がある。それではもったいない。教職員一人ひとりの経験や知識、専門性を引き出し、それらを繋げ、カリキュラムや授業、教材、学習環境等の具体的な形にし、日々の実践を元に見直し改善を図る、その営みが**カリキュラム・マネジメント**である。そして、そのためには研修の工夫・改善が必要で、**ワークショップ型研修**がそれを可能にしてきた」と述べる。

　筆者がこれまで関わり、授業改善や学校改革を成し得た学校の実践事例の多くは、授業やカリキュラム以外に、どのような内容・方法で研修を行ったのかも記述している。例えば、かつて生徒指導面や学力面で課題を抱えていた東村山市立大岱小学校は若い教師が半数を占めていたにもかかわらず、比較的短期間で両方の課題を解決した。その成果は『学びを起こす　授業改

革』（ぎょうせい、2011年）に紹介されているが、全体で193ページ中の約3分の1にあたる67ページが校内研修に関することである。実際、同校が多くの課題を抱えていた時に、当時の西留安雄校長と池田守研究主任が新潟県で筆者の講演を聴き、「このワークショップにかけてみよう」と考えられ、その後の改革につながったと聞いている。無名の公立学校の書籍が10年以上も読み継がれ、現在11版を数える。大ベストセラーである。

　時折、センター研修や校内研修の前に、受講生の事前アンケートが送られてくる。「研修の時間がとれない」「教職員の研修への意欲がない」といった声が多い。**研修時間確保のための工夫や効率化**は最重要課題である。いくつか事例を紹介したい。

　熊本県立鹿本高等学校の総合的な探究（学習）の時間の基盤は1999年度から築かれ、今も先進校として素晴らしい実践を積み重ねている[1]。2002年頃は、まだ取り組み始めて間もない頃だったので、総合的な学習の時間に関する校内研修を週7回行っていた。各学年の総合的な学習の時間の担当者同士の研修が1回、各学年が各2回の計7回である。2002年10月に訪問した時は、2年団の半数の教員が若手教員のリードの下、1校時目にその週に実施する授業のリハーサルを行っていた。時間割編成を工夫し、各学年の半分の教員が同時に空く時間を生みだしている。カリキュラム・マネジメントの三つ目の側面の**「校内の資源（ここでは時間という資源）の有効活用」**につながる示唆に富んだ取り組みである。

　鈴鹿市立千代崎中学校は2011年に、**「言語活動の充実」**による授業改善に着手した。その一環として、授業研究を行うことになったが、40名の教員を抱える学校のために多くの教員が授業研究を行う時間の確保が問題となった。筆者が提案したのは、**空き時間が一緒の教員でチームを組み**、ある教員の授業を参観し、その日の放課後にワークショップを行うという方法である。1回目は筆者の指導で1限から5限まで五つの研究授業を実施し、放課後に5チームに分かれてワークショップを行った[2]。その後、学校独自で実施し、結果的には5週間の間に15の授業研究を行った。5週間後に同校を訪問したメンバーの共通した感想は「学校って5週間で変わるんだ」である。中学校や高等学校は多くの教員が授業に関わるので、足並みを揃えて授業改善に取り組めば比較的早く効果が表れると考える。

　岩手県立盛岡第三高等学校は、**「授業で勝負する」**を掲げ、特に、言語活動を重視した参加型授業、**「考える授業・わかる授業・力のつく授業」**に取

り組んでいる。筆者が訪問した際の授業研究も工夫されたものであった[3]。その日に参観した授業の大半において多くの教員が授業参観に訪れていた。50分フルで参観している教員もいるが、部分的に参観して教室や職員室に戻っていく教員もいる。教材や活動等で特にその授業で工夫・改善している場面を観て帰る。このような取り組みを年間通して日々行っていた。しかし、最も感動したことは、**授業のなかで教員が他の教科の内容と関連付けて説明**していたことである。日常的に他の教科の授業を参観しているからこそできる。カリキュラム・マネジメントの側面の一つ目に「**教科横断的な視点で教育内容を編成すること**」があるが、生徒一人ひとりの学びのなかで教科横断的な内容の関連を図っている。日常的に「**知の総合化**」が実現できている。

なお、前述の大岱小は授業改善・学校改革に関わる新たな取り組みを始めるにあたっては、会議や行事などの見直しを図るための「**仕分け**」を行っている。「**働き方改革**」が提唱されるなかで、今次改訂のように新たな取り組みが求められるに際して、これまでの経営活動と教育活動の見直し・改善は必須である。見直した結果が同じになっても、一度見直しを行うことで、質的な改善が見込まれる。

教員の研修に対する意識向上に対してもワークショップ型研修を進めてきた。筆者が関わる学校は必ずしも研修に対して教職員全員が前向きとは限らない。しかし、研修後には高い満足度を得ることができる。

研修に対する意識が変わるのは以下の理由が考えられる。一つは、その学校の教員が今必要としている課題を取り上げるからである。そのために**学校の実情や教員のニーズ分析**は必然である。一つは、教員の力量向上を主とした課題を取り上げるのではなく、年間指導計画や授業づくりとその見直し・改善、環境整備や教材開発、ICT活用など、子どもに直接関わる課題に取り組む。その過程で必要とされる知識や技能を習得したり、向上したりさせる。一つはワークショップを通して自ら開発したカリキュラムや授業、教材への思い入れもあり、実践したいと考える。

(1)　熊本県立鹿本高校著・中留武昭監修『生徒の自分探しを扶ける「総合的な学習の時間」―教師が協働する熊本県立鹿本高校の実践』学事出版、2003年。
(2)　村川雅弘『ワークショップ型教員研修　はじめの一歩』教育開発研究所、p.51、2016年。
(3)　村川雅弘・野口徹・田村知子・西留安雄編著『「カリマネ」で学校はここまで変わる！』ぎょうせい、pp.142-149、2013年。

【302】

「主体的・対話的で深い学び」とワークショップの親和性

　ワークショップ型研修を手がけて20年近くになる。校内研修や各地の教育センター等の集合研修あるいは大学や大学院の授業で行ってきたワークショップは1,000回を優に超える。きっかけは三つの専門にかかわる。

　一つは**総合的な学習**である。豊かな体験を元に疑問を整理し課題を設定したり、解決のために集めた様々な情報を分析・整理したり、発信・表現のために願いや提案をまとめたりする過程においてKJ法やそれをアレンジした手法が学習のなかで豊かに実践されてきた。その学び方を教師教育に応用した。時折、ワークショップ型研修の体験を、授業や学級づくりに生かしている教師に出会うが、ルーツは子どもの学びなので当然である。

　一つは**教育工学**である。学校現場は多忙ななかで時間を割いて研修を行っている。少しでも効率化を図れないか。教材研究や授業開発といった「ものづくり」と教員の力量向上を一体化した。「学び合い」の時間と空間を実現した。「Learning by Doing」であり「On the Job Training」である。

　一つは**カリキュラム・マネジメント**である。これまで多くの学校とかかわってきたが、学校にある様々な教育資源（予算や時間、施設等）の一つである**人的資源が最も大化け**すると実感している。教職員一人ひとりの経験や専門性、知識や技能を引き出し繋げ、教材や指導計画等の形にし、日々の実践を踏まえて見直し改善を図る。比較的短期間において生徒指導上の問題を解決したり学力向上をなし遂げたりした学校は研修の工夫・改善を図っている。

　ワークショップ型研修の参加者の意見で共通なものは「限られた時間のなかで全員が意見を述べられる」「若い教師や専門が異なる教師でも意見が述べやすい」「成果や課題が形となって残る」である。また、「人によって見方が異なる」「多面的な見方ができるようになった」など違いを認め受け入れる意識、「思いを共有できた」「全体像が見えた」「参加者全員の意見が反映できた」など共通理解の図り易さ、「リラックスした雰囲気のなかで研修できた」「あまり負担にならず見通しを持てた」など楽しい雰囲気のなかでの明確な効果、が挙げられている。

　ワークショップ型を取り入れている学校では**若手が育つ手ごたえ**を常に感じてきた。授業研究をはじめ様々な研修課題に対して、若くても立場や専門が異なっても、その解決に向けて一人ひとりが自己の考えを持って（主体

的）、述べ合い受け入れ合うことによって（対話的）、自己の考えと他の教師の考えを比べたり繋げたりすることで、これまでの考えが更新されたり視野が広がったりと（深い）学びが起こる。

　例えば、ワークショップ型授業研究には、その過程において「**主体的・対話的で深い学び**」の場が組み込まれている。

　①まず、授業参観の際には**主体的・分析的な観察**を引き出す。数分の感想や意見が求められる従来型の事後研と異なり、授業の各場面や様々な構成要素（板書や発問、教材、個別指導、学習形態、学習環境等々）に関してのきめ細かな協議が予定されているため必然的に主体的・分析的に授業参観に臨むこととなる。（主体的な学び）

　②協議前に参観メモを基に付せんに転記する。メモの内容を他者に理解できるように記述し直す必要がある。その時に**概念整理**が起こる。（主体的な学び）

　③記述した付せんを出し合う。同じ場面や要素であるにもかかわらず見方や捉え方が異なる。授業の各場面や構成要素について自分なりの意見や解釈を具体的に記述しているからこそ、同僚のそれと比べることで深い学びがおきる。例えば、教師Ａが水色の付せんに「授業の導入で子どもとめあてを確認したのはよかった」と書いたとする。教師Ｂから「前時の最後に振り返りをしっかりしておけば、今日のめあては子どもから出たはずだ」の桃色の付せんが出てくる。そこで、教師Ａは「授業は１時間だけで考えるのではなく、前時との繋がりや単元レベルで考えていくのだ」と学ぶ。（対話的で深い学び）

　④付せんを整理し小見出しを付け、グループ間の関係（因果関係や対立関係など）を矢印等で明らかにする。例えば、学習が停滞したとしたら、その直前の指導等に問題がある。どのような指導・指示を行っておけばよかったかを具体的に考える。授業は様々な要因・要素が複雑に絡み合っている。**授業を構造的に捉える力**が身につく。（深い学び）

　⑤分析結果を他のチームに説明する際に改めて自分の言葉で授業を関連づける。他チームの分析結果と比べることで新たな視点を学ぶ。（対話的で深い学び）

　授業者にとっても学びは多い。ワークショップ型授業研究では、授業の成果やよさ、問題点、助言や改善点がバランスよく提示される。他者に理解できる具体的なレベルで記述することが求められているので大変参考になる。

「指導案拡大シート」や「マトリクスシート」「概念化シート」等、各シートの特性により分析結果に違いが出るので多面的に意見をもらうことができる。

　若手に限らず、事後研において**授業者自身もワークショップ**をすることを勧めている。「何がうまくいったのか」「どこで停滞したのか」「その原因は何か」「どうすればよいか」などに関して、具体的に記述し具体的な問題意識を持った上で同僚の分析結果と比べることができる。授業者にも「主体的・対話的で深い学び」が保障される。子どもの学習において振り返りは「深い」学びに繋げるために重要であるように、授業研究だけでなく研修の最後には振り返りの時間を少しでも設定したい。「何が分かったか」「これからどう生かしていくか」を自分の言葉で書き留めておきたい。

　一方で、校内研修や集合研修でワークショップ型が増えているが、時折、「んっ？」と思うこともある。

　一つは**各自が自分なりの考えを持って臨む**ことが重要である。「対話」の前提は個人の考えである。研修のなかでじっくり考え付せんを書く時間がとれない場合は、各自が事前に書いた上で集まりたい。

　一つは参加者のなかに研修テーマに関する体験や知識、情報がない場合は**講演や資料で補う**。例えば、石川県の初任研では、2時間近くの講演で趣旨や作り方、事例を熱く語った上で、そのメモを基に6人編成で総合的な学習の時間の単元づくりモデル構築のワークショップを行った。

　一つは**読める大きさや太さの文字で書く**。成果発表のためだけでなく、チーム内で付せんを整理する際に、少し離れた付せんを比べたり関係付けたりして「対話」を行い「深める」上で重要である。

　一つは**付せんの色使いを統一**することである。授業研究だけでなく、どのような課題の研修であっても、「成果やよさ」は水色、「問題や疑問」は黄色、「助言や改善策」は桃色と全国統一を図っている。チームを越えて「対話」を行い「深める」ために、互いの成果物を共通理解する上で欠かせない。この色使いは国際学会においても理解され受け容れられた。基本的には世界共通のシグナルカラーに基づいているからである。

　ノウハウの詳細は拙著（村川雅弘『**ワークショップ型教員研修　はじめの一歩**』教育開発研究所）に書かれてある。参考にしていただきたい。

【303】

新学習指導要領の授業研究のポイント

　カリキュラム・マネジメントに関して、PDCA サイクルの D のなかに小さな pdca サイクル、つまり教師による不断の授業づくり・授業改善があると考えている。それを意図的・計画的・組織的に行い、個々の教員の日々の授業改善を助けているのが**授業研究**と言えよう。様々な課題に取り組むワークショップ型の校内研修でも核となるのは授業研究である。

　新学習指導要領（GIGA スクール構想を含む）が目指す授業づくりにかかわる授業研究において、どのようなポイントで参観・検討していけばよいのかを整理した。「学力向上に繋げる授業研究の見方　12 の処方」[(1)] と合わせて読んでいただければ、より有効である。

(1)　育成を目指す資質・能力の意識化を図る

　今次改訂では、**育成を目指す資質・能力の３つの柱**が示され、各教科等の目標もそれに基づいて設定されている。授業のなかでも授業者がどの程度、どのように意識させているかを見ていきたい。

　筆者がかかわっている学校では、授業の冒頭で「どんな力を意識して使うか」を確認する場合が多い。本書でも取り上げている淡路市立志筑小もその一つである。授業の冒頭で「学習の流れ」を確認した後、「ルーブリック」を児童と共に考える。教師が事前に想定した「めあて」を示すと、「もっとこういうことをできたらいい」と児童から出てくる。子どもから出された「めあて」の方がより具体的で高度な場合が多い。教師と子どもとで考え、確認した「めあて」は黒板に示されているので、授業中も常時意識して取り組むこととなる。また、授業の振り返りにおいても、「めあて」がどの程度達成できたかを確認することができる。「深い学び」には振り返りが重要と言われているが、その拠り所となるのが、授業の冒頭で設定した「めあて」である。

(2)　横断的・縦断的に学びを繋げる

　カリキュラム・マネジメントの３側面の一つ目が**教科横断的な教育課程編成**であるが、1 単位時間の授業においても意識することが求められる。

　まず、研究授業においては、指導案に単元全体や本時における他教科等との関連が記述されていることが多い。授業者がどう具体的に計画しているのかを見て取ることができる。

　もう一つ確認すべきは、主にその教科や総合的な学習の時間における**体験や学習のタテの繋がり**である。特に、系統性が強い算数・数学あるいは理科などでは必須である。筆者は、総合的な学習の時間においても、その日の授業にかかわるそれまでの体験や学びを明示することが重要であると考える。例えば、本書でも紹介しているが、志筑小の防災に取り組んだ5年生は、校区に暮らす高齢者一人ひとりの状況（「一人暮らしなのか」「家はどのような場所にあるのか」「家のどこで寝ているのか」「家から避難所までの避難経路の様子はどうなのか」など）を具体的に名前を挙げて発表していた。4年の時の総合的な学習の時間における高齢者福祉の学習が生きている。

　教科等間のヨコの繋がり、学年間のタテの繋がりを教師が意識し授業計画を立てること以上に着目するのは、これまでの体験や学びの繋がりにかかわる子どもの意識である。子どもの発言から見て取ることができる。その時は、授業者は確認「どうしてそう考えたの？」や価値付け「前に学習したことを思い出して、使ったのね」、賞賛「すごいね」を行いたい。子どもたちの繋がりへの意識を高めることとなる。

　教師が教育課程全体、単元全体、そして本時においてタテとヨコの関連を事前に計画することは必要だが、子どもの発言から捉え生かしていくことはそれ以上に重要である。子どもが気付いているのにそれを教師が見過ごしてしまうという残念なことだけは避けたい。

(3)　主体的・対話的で深い学びの手立てと姿がある

「主体的・対話的で深い学び」は今次改訂の新規のキーワードの一つであるが、「いい授業だったね」と誰もが言いたくなるような授業の大半は「主体的・対話的で深い学び」である。事実、筆者が大学2年の時に視聴した小学校6年の理科授業もまさに「主体的・対話的で深い学び」であった。その後も数限りない素晴らしい授業に出会ってきたが、その何れもが「主体的・対話的で深い学び」であった。言葉は新しいが既に存在していたものである。

　子ども一人ひとりが、自信がなくとも曖昧でも自己の考えを持ち、その考えを他者に伝え、対話を通して、より豊かで確かなものへと更新していく。それが深い学びである。無から有は生まれない。わずかでも不確かでも「**考えのタネ**」があるから、それが豊かで確かなものとなる。

　その際に、安心して表現・伝達できるためには**受容的な関係づくり**が重要となる。**資料1**はある中学校のものであるが、「これもカリマネのPである」と紹介することが多い。子どもの実態を踏まえた上で、学校が目指す授

業づくりの基盤が、教師と子どもとで共有化されている。

研究授業のなかから「主体的・対話的で深い学び」の子どもの姿や手立てを見つけ出し、授業研究のなかで対話を通して確認し合い、より豊かで確かなものにしていきたい。

(4) 言語活動を子どもに委ねる

資料2は平成20（2008）年の中教審答申で示されたもので、前学習指導要領が目指した「**思考力・判断力・表現力を育むための言語を通した活動**」として例示された。この10年余りの全国各地での講演等で確認したが、存在さえ知らない教員が少なくなかったのが実状である。

筆者がかかわった学校で比較的短期間で学力を向上させた、例え

資料1

「語り合い」5か条
1 友達の話は最後までしっかりと聴こう。
2 みんなに聞こえる声で、わかるように伝えよう。
3 わからないときは、わかるまで質問しよう。
4 友達の話を受け止めてから、自分の気持ちを伝えよう。
5 違う考えや異なる意見をできるだけ大切にしよう。

資料2

思考力・判断力・表現力等を
育むための学習活動の分類

①体験から感じとったことを表現する。
②事実を正確に理解し伝達する。
③概念・法則・意図などを解釈し、説明したり活用したりする。
④情報を分析・評価し、論述する。
⑤課題について、構想を立てて実践し、評価・改善する。
⑥互いの考えを伝え合い、自らの考えや集団の考えを発展させる。

ば、東村山市立大岱小や福山市立新市小は、これを意識して授業づくりを行った[2][3]。また、地域貢献型の総合的な学習の時間の充実を図ることと並行することで、**総合的な学習と言語活動との間での相乗効果**が起きている。まず、子どもたちは身近な地域で様々な体験活動を通して感じ取ったことを他者に伝えたくなる。調べて分かったことを正確に伝えようとする。様々に集めた情報を整理・分析し、それらを元に論を立てようとする。地域の課題解決や活性化のために、構想・計画を立て、実施・評価・改善を繰り返す。様々な活動場面で互いの考えを伝え合い、自己や集団の考えを発展させる。言語活動が必然を伴って活性化することで総合的な学習の時間が充実するとともに、言語力が定着してくる。各教科や道徳科等の授業においても**言語活動に必然性**を持たせる取り組みが求められる。

大岱小や新市小では、言語活動を子どもに委ねていた。**資料3**は新市小

の「新市スタディ＆マナ
ー」（中高学年用）所収
の「39：高学年司会名
人」の一部である。グル
ープでの話し合いの際、
その日の司会が活用する。
「語り合いの5か条」（**資
料1**）をより具体化した
ものと言える。話し合い
の質が担保される。グル
ープ活動の際の言語活動
の定着は重要なポイント
である。

資料3

《名司会者の技》
☆たくさんの人に意見をもらおう！
　・ほかに意見はありませんか。
　・○○さんと同じ考えの人はいませんか。
　・○○さんの意見についてどう思いますか。
　・もう少し意見を出し合いましょう。
☆分かりにくい意見の内容をたしかめよう！
　・もう少し、〜についてくわしく話してください。
　・〜と考えたわけを教えてください。
　・それは、〜ということですか。
　・たとえば、どんなことがありますか。
　・まとめてみると、〜ということですか。
☆話題からそれないようにしよう！
　・今は○○について話しています。そのことは後で話して
　　ください。
☆意見を整理しよう！
　・今までの意見を整理すると、○つにまとめられます。
　　　1つは、　　2つは、　　3つは、
　・大事なのは、○○ということですね。

(5)　ICT を効果的に活用する

　GIGA スクール構想の推進により、1人1台端末を常時利用できる状態になる。授業のなかで文房具の一つとして日常的に利用することが理想であるが、使うこと自体が目的化することがないように配慮したい。

　もう30年ほど前になるが、山形県のある小学校で小型のビデオカメラを授業に初めて用いた年配教師に出会った。実に適切な使い方をされていた。算数の授業だったと記憶しているが、子どものノートを撮影し、それを全体学習の際にテレビに映し発表させていた。机間指導中に一人ひとりの考え方・解き方を把握し、それを全体の話し合いで生かすという日頃の指導・支援の考え方・あり方に当時の最先端技術がうまくはまったのである。

　ICT 活用の前提は**授業のデザイン**である。様々な機能を有する端末を、計画された授業のなかで適切に活かしていきたい。アナログとデジタルを効果的に組み合わせていきたい。

(1)　村川雅弘編著『学力向上・授業改善・学校改善　カリマネ100の処方』教育開発研究所、2018年。
(2)　村川雅弘・田村知子・東村山市立大岱小学校編著『学びを起こす 授業改革』ぎょうせい、2011年。
(3)　村川雅弘・野口徹・田村知子・西留安雄編著『「カリマネ」で学校はここまで変わる！』ぎょうせい、2013年。

【304】

スーパーティーチャー雑感

　筆者が研究者に進むきっかけは「**スーパーティーチャー**」との出会いである。大学2年の秋、小学校6年の理科授業を視聴した。白黒のかなり画質のよくない映像であったが、50年近く経っても鮮明に覚えている。子どもが司会と板書をして、各班の実験データを整理する。子どもたちの力で「気温と地温の関係」を見つけ出す。教師は時折画面に現れ、授業展開の軌道修正を図ると姿を消す。

　その時の授業の担当教員に質問をした。始めは口を濁しておられたが、後には引かないぞという強い態度に押されたのか「この子どもたちは、5年生の時は大変荒れていた。この教師が担任をして変えた」と話してくれた。視聴したのは6月の授業である。2ヵ月で学級集団ごと変えたことに映像以上の衝撃が走った。この授業をきっかけに授業研究・カリキュラム研究を専門とする研究室に入ることとなる。

　その後、研究室でこのスーパーティーチャーについて学ぶ機会が何度かあった。色々なことが分かってきた。①前任の担任からの児童に関する資料を1週間は見ない、②自分なりの子ども理解を終えてから参考にする、③「単語カード」（紙片をリングで止めたもの）を常時携帯し、子どもに関する気付きを記述する、④児童ごとの入れ物に保管する、⑤時折、その入れ物の中身を時系列に並べて理解を図り、対処を考える、⑥新学期早々はニュースや学校放送番組をひたすら視聴させ、メモを取らせる、⑦このメモスキルがその後の話し合い活動に生きる、など枚挙に暇がない。

　確かに多様な力量を身に付けている。しかし、部分的には誰もがやろうとすればできることである。「ウルトラＣはいらない。当たり前のことをコツコツ続けることが重要」と若い教員対象の講演や授業で言うことがある。

　仕事柄、各地でスーパーティーチャーと呼ばれている教師と出会ってきた。荒れている学校、荒れている学年・学級を任され、必ず立て直すだけでなく、素晴らしい学び手に育てあげる。複数年、追い続けると「**学級開き**」「**授業づくり**」あるいはそれ以前から確かな手立てを丹念に打ち続けている。何より一番の共通点は「**どの子も取りこぼさないぞ**」という信念である。大学2年の時に映像を通して出会った教師と通ずるものは多い。

　研究者としての筆者の役割は、彼らの化けの皮を剥がすことである。「大したことはない。マネできることは少なくない」と種明かしをする。ワークショップという手法[1]を得てからは、筆者自身が「種明かし」をするのではなく、教師や学生に見つけさせる。

　例えば、いわゆる「スーパーティーチャー」3人に学級開きや学級経営に関して鼎談をお願いしたことがある。その映像を3年になったばかりの学生10名で分析させた。鼎談を聞きながら「大事だな」「いいな」「私にもできるかな」と思ったことを付せんに書かせ、KJ法で整理させた。たぶん専門書を数冊読んだ以上の成

果物ができ上がったが、何よりも整理していく過程での学びが大きかったと考えられる。

　筆者の研究の立ち位置は**教育工学**である。「学校教育という複雑な事象を整理・分析し、**一般化・モデル化を図る学問**」と捉えている。つまり、学生自身に協働的にモデル化をさせたのである。具体的な事例を元に作り上げたモデルは応用が利く。学年や状況に応じて適切な対処・対応が可能である。モデル化を行う場合には複数事例、できれば三つ（3人）ほど用意したい。同じ内容であれば「大事」と考え、異なる内容に関しては「多様」と捉える。モデルはその後の学びや経験を通してブラッシュアップしていけばいい。

　今は一人の「スーパーティーチャー」では学校は回らない。「スーパーティーチャー群」を創る必要がある。一人ひとりの力は小さいかもしれないが力を合わせれば大きな力となる。まさに「スーパーティーチャー群」であったのが東村山市立大岱小学校である[2]。初めて訪問した時は、大学2年の時の衝撃に匹敵するものがあった。学校全体が「**手立ての宝庫**」だった。学級担任の半分が4年以内の若手教員であるにもかかわらず、比較的短期間で生徒指導の課題を克服し、学力向上を成し遂げた。

　大岱小が生徒指導困難校であった時に藁をもすがる思いで取り組んだのが**ワークショップ型の研修**と聞いている。経験年数にかかわらず一人ひとりの力を引き出し、繋げ、手立てとして形にし、日々の授業を通して見直し・改善を図っていった。まさにこの授業改善や学校改革の目標とその実現のための方法のベクトルを揃え、教職員一人ひとりの力を結集する考えが**カリキュラム・マネジメント**に他ならない。

（1）　村川雅弘『ワークショップ型教員研修　はじめの一歩』教育開発研究所、2016年。
（2）　村川雅弘・田村知子・東村山市立大岱小学校編著『学びを起こす　授業改革』ぎょうせい、
　　　2011年。

【305】

総則についての理解を深める校内研修

　学習指導要領の「**総則**」は分量的には少ないもののその分抽象的でわかりづらいのは否めない。特に今次改訂は初出の言葉が多いだけに、初めて目にした時には面食らったことだろう。今回の総則は従来のものに比べて分量は倍増しているので、ますます手におえないかもしれない。

　筆者は**校内研修**において**ワークショップ型**を推奨してきた。まさに**アクティブ・ラーニング**である。教員一人ひとりが主体的・対話的な研修を行うことで深い学びを実現する。難解な総則を読み解く研修もワークショップ型を薦める。これまでは主に、新しい機器や教育ソフト等を導入した際に行ってきた「**あえて異能者を育て活かす**」ワークショップ^(注)が有効である。

　小学校学習指導要領総則の第1「小学校教育の基本と教育課程の役割」を例にワークショップの具体的な考え方・取り組み方を紹介する。

①1では教育課程編成全般について書かれている。

②2では「**主体的・対話的で深い学び**」が登場し、授業を通した生きる力の育成が述べられる。2(1)では授業改善の具体的な考え方が示されている。

③2(2)では、新規の「特別の教科である道徳（道徳科）」に触れている。

④2(3)は、体育・健康に関する指導の考え方、2008年学習指導要領と同様に教科横断的かつ家庭や地域との連携の下での食育や安全に関する指導を求めている。児童・生徒の実態を踏まえて教科横断的かつ家庭や地域との連携を重視して取り組むことが求められている点において、体育及び安全に関する**カリキュラム・マネジメント**である。

⑤3では、**資質・能力の3つの柱**を簡単に紹介している。各学校が児童・生徒や地域の実態や特性を踏まえて**教育目標を設定**する上での拠り所となる。

⑥4では、新しく提案された**カリキュラム・マネジメント**に触れている。これまで各学校が取り組んできた**教育課程編成**との異同を探りたい。

　これらの内容について関連の深い教員が担当し、責任を持って読み解いてきて、他の教員に伝達・説明を行うのである。

　①に関しては少しだけなので全員が目を通しておきたい。

　②については**アクティブ・ラーニング**に興味関心が高い教員あるいは研究主任が担当する。

　③については道徳主任が担当する。

④については体育主任や食育担当が担当する。

⑤については教務主任や研究主任あたりがよいだろう。各種研修（教務主任研修や研究主任研修、10年次研修、教員免許状更新講習など）で学習指導要領の内容を扱っていることが多いので、研修成果を還元してもらうよい機会となる。

⑥については教務主任が適任である。

小学校の**学習指導要領の総則**の内容一覧と担当者案及び答申の関連箇所を次頁の**表**にしてみた。なお、その内容に興味関心があればだれが担当してもよいと思われるものには※印をつけてみた。

各内容に関連した担当教員が責任を持って読み込んできて、他の教員に伝え説明をするのである。教務主任や研究主任を便宜的に配置してみたが、全ての教員が何らかの箇所を受け持つことが重要である。

実は学習指導要領だけを読み込んでも理解するのは困難である。改訂の背景や考えを理解した上で読み込むことが重要である。授業で学生や講演で受講生に勧めているのが「**幼稚園、小学校、中学校、高等学校及び特別支援学校の学習指導要領等の改善及び方策等について（答申）**」（平成28年12月21日）である。文部科学省のホームページで閲覧やダウンロードが可能である。本文だけで242ページあるが、第1部「学習指導要領改訂の基本的な方向性」（pp.3-71）と該当する学校園及び専門教科等の各10ページ程度ずつに目を通すことを勧めている。

答申や関連図書あるいは関連する講演での具体事例等を取り上げて、自分の言葉で伝えたい。上手く伝わらなくてもよい。十分に伝わらなければ、そこで協議をすればよい。話し合うことにより少しずつ確かなものとなってくる。**教員自身が主体的・対話的な研修、アクティブ・ラーニング**を体験しつつ、具体的な事例と照らし合わせながら理解を深めていけばよい。

学校規模にもよるが、数ヵ所を複数人で担当し、2～4人でペアやチームを作り勉強会を行い、全体の校内研修では各々が異なる新しいグループに分かれて伝達・説明するのが得策である。異能者を育て各自が身に付けた知識を活かし合うのである。次ページに研修計画案例（**資料**）を掲載しているので参考にしていただきたい。この**研修プランのフォーマット**は教育開発研究所のホームページからダウンロード可能である。こちらもご活用いただきたい。

表　総則の内容・担当者案・答申の関連箇所

		主な内容やキーワード	担当者例	中教審答申本文関連ページ
第1		小学校教育の基本と教育課程の役割		
	1	教育課程編成の考え方	全員で確認	
	2(1)	授業改善の具体的な考え方	研究主任／※	
	2(2)	道徳教育の考え方・進め方	道徳教育推進教師等	pp.219-228
	2(3)	体育・健康に関する指導、食育、安全	体育主任／食育担当	pp.5-7、pp.41-42
	3	育成を目指す資質・能力	教務主任／研究主任	pp.9-16、pp.20-22、pp.27-31
	4	カリキュラム・マネジメント	教務主任	pp.23-26
第2		教育課程の編成		
	1	各学校の教育目標と教育課程の編成	教務主任	
	2 (1)(2)	資質・能力の育成（情報モラル含む）と教科横断的な視点による教育課程編成	教務主任／情報担当	pp.9-16、pp.20-22、pp.27-31 pp.43-44
	3	教育課程の編成における共通的事項	教務主任	
	3(1)	内容等の取扱い：道徳科を要とする道徳教育	道徳教育推進教師等	
	3(2)	授業時数等の取扱い：短時間活用、総合的な学習の時間と特別活動の学校行事	教務主任／総合的な学習主任／※	pp.88-90
	3(3)	指導計画作成等に当たっての配慮事項：主体的・対話的で深い学びと授業改善	研究主任／※	p.26、pp.47-53
	4	学校段階等間の接続、幼小接続、義務教育9年間の見通し	教務主任／※	pp.43-44
第3		教育課程の実施と評価		
	1(1)	主体的・対話的で深い学びと授業改善	研究主任／※	pp.47-53
	1(2)	言語環境の整備と言語活動の充実	国語主任／※	pp.5-7、pp.35-37、pp.85-85
	1(3)	情報活用能力の育成、プログラミング体験	情報担当／※	pp.9-11、pp.37-39、pp.90-92
	1(4)	学習の見通しと振り返り	研究主任／※	pp.47-53
	1(5)	体験活動の重視、家庭や地域社会との連携	研究主任／※	pp.5-7
	1(6)	自主的・自発的な学習の促進	※	
	1(7)	学校図書館の計画的利用、地域の施設活用	図書館担当	p.53
	2	学習評価の充実【項目省略】	※	pp.18-19、pp.60-63
第4		児童の発達の支援		
	1	児童の発達を支える指導の充実【項目省略】	研究主任	pp.43-45、pp.53-58
	2	特別な配慮を必要とする児童への指導	特別支援担当	pp.8-9、pp.58-60
第5		学校運営上の留意事項		
	1	教育課程改善と学校評価：カリキュラム・マネジメント、学校保健計画等	教頭／教務主任	pp.23-26
	2	家庭や地域社会との連携・協働、学校間連携	教務主任	pp.16-17、pp.19-20
第6		道徳教育に関する配慮事項	道徳教育推進教師等	pp.219-228

（注）　村川雅弘『ワークショップ型教員研修　はじめの一歩』教育開発研究所、2016年。

資料

〈研修計画案〉

※例として参考にしてください。この研修プランのフォーマットは、教育開発研究所のHP（http://www.kyouiku-kaihatu.co.jp/class/cat/desc.html?bookid=000470）からダウンロード可能です。

種別	主題研修　一般研修	研修タイトル	新学習指導要領の総則読解ワークショップ

本研修の目的	3月31日に次期学習指導要領が告示されました。東京オリンピックが開催される2020年の4月からの実施となります。主体的・対話的で深い学び（アクティブ・ラーニング）やカリキュラム・マネジメントなど聞きなれない言葉も多く、戸惑っている先生も多いことでしょう。改訂の大要をつかんでおくためにも、比較的まとまった時間のとれる夏休み期間中に、手分けして総則の部分を読み合いたいと研修を企画しました。
工夫した点	①興味・関心のある箇所を分担し、互いに伝え合う。 ②「本で読んだ！　講演で聴いた！」という各自の学びを学校全体に還元する。 ③4人チームで担当箇所を読み合い、理解したことを全体研修で伝える。 ④うまく伝えることができなくてもよい。そのときに皆で解明していく。 ⑤この研修を通して、主体的・対話的で深い学びを体験する。

本研修の概要	実施時期	比較的まとまった時間がとれる夏休み（※8月下旬を想定） 下記の研修Aは研修Bのできれば1週間前に終えるようにしてください。
	対象者	全教職員（※20名を想定）
	研修形態	研修A：興味・関心別チーム（各4人）※5チーム 研修B：異能者グループ（各5人）※4グループ ※研修Aでは「チーム」、研修Bでは「グループ」と使い分けています。
	準備物	①次期学習指導要領の全文または総則部分（総則部分は事前に配付します。全文については文部科学省のホームページからダウンロードできます） ②中教審答申（全文を1部印刷室に置いておきます。必要に応じて印刷してください。文部科学省のホームページからダウンロードもできます） ③配付資料、パソコン、プロジェクター（必要に応じてご用意ください）
	時　間	研修A：必要に応じて随時（チーム内で連絡・調整を）　研修B：120分

研修B全体の流れ（時間）	研修の進め方（①～⑤）および留意点（・）
①全体研修の見通しをもつ。（5分） ②研修Aの成果をグループの他の教員に伝え、質疑や協議を行う。（60分） 各自12分（説明7分、質疑・協議5分）× 5 ◆休憩（グループ間の時間調整を兼ねる）15分 ③課題について全体で協議し、共通理解を図る。（25分）　各グループ5分× 5 ④研修の振り返りを行う。（10分） ⑤振り返りの内容を発表する。（5分程度）	①研修のねらいと進め方について、説明を聞く。 ・積極的な参加を促す雰囲気づくりを互いに心がける。 ②研修Aで理解したことを、具体事例や答申の内容に関連づけて自分の言葉で伝える。 ・話し手は資料やプレゼンなどを用いてわかりやすく伝える工夫をする。 ・聴き手は分からないことがあれば積極的に質問するように心がける。 ③各グループで話題になったことや十分理解できなかったことを紹介し、全体で協議し、共通理解を図る。 ④研修の学びを振り返りシートに記入する。 ・とくにすぐにでも始められそうなことを具体的に書く。 ⑤すぐにでも始められそうなことを中心に発表する。 ・時間を見て数名に絞る。若手が積極的に発表する。

【306】

カリキュラム・マネジメントを理解する研修

「カリキュラム・マネジメント」は比較的新しい言葉であるが、その意味するところはこれまで学校現場において実践されてきたことに他ならない。中教審答申（2016年12月21日）で示された**3側面**（**資料1**）に関しても同様である。

資料1

カリキュラム・マネジメントの３側面

ⅰ）各教科等の教育内容を相互の関係で捉え、学校教育目標を踏まえた教科等横断的な視点で、その目標の達成に必要な教育の内容を組織的に配列していくこと。

ⅱ）教育内容の質の向上に向けて、子供たちの姿や地域の現状等に関する調査や各種データ等に基づき、教育課程を編成し、実施し、評価して改善を図る一連のＰＤＣＡサイクルを確立すること。

ⅲ）教育内容と、教育活動に必要な人的・物的資源等を、地域等の外部の資源も含めて活用しながら効果的に組み合わせること。

中央教育審議会答申（平成28年12月21日）

各地の教育センターや校内研修において、小中高を問わず進めている研修は、**生活科や総合的な学習の時間の年間指導計画の見直し**である。夏季休業中に行えば、1学期の実践を踏まえての中間見直しとなり、2学期以降の取り組みに生かされ、年度末に1年間の取り組みを踏まえて行えば、次年度に還元できる。

年間指導計画を模造紙サイズやA3に拡大したものを用意する。それ以外に付せんを4色（水色、黄色、桃色、緑色。50×75または75×75。写真は50×75を使用している）用意する。

写真

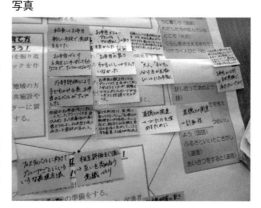

年間指導計画の見直し・改善で一般的に行われているのは、**ワークショップ型授業研究の「指導案拡大シート」**(注)の応用版で、付せんの使い分けは、1年間取り組んできた経験を踏まえて、「よかったので来年も続けるべき」（水色）、「うまくいかなかったのでやめた方がいい。改善の余地がある」（黄色）、「今年ができなかったけど来年はこうすればいいのでは」（桃色）である。3色の付せんに実践を踏まえての気

づきやコメントを書き、該当箇所に貼っていくのである。そして、その成果物を次年度の該当学年の教員へバトンのように手渡す。改善案の作成自体は次年度の教員に委ねる。子どもや地域の実態や特性を踏まえて継承しつつも形骸化しないために有効な方法である。

資料2

カリキュラム・マネジメントの3側面の理解につなげるための研修として、付せんの使い分けを以下のようにするとよい（資料2）。

①「探究的な課題・活動」及び「主体的・対話的で深い学び」の視点から見直し（黄色）。例えば、「集めた情報の整理・分析を行う場合に適切な思考ツールを活用する」「子どもたちが協議した結果を教師がまとめないで子どもに任せる」など。

②「各教科、道徳、外国語活動、特別活動との関連」の視点からの見直し（水色）。例えば、「子どもたちが行ったアンケートのデータ整理の時に算数で学んだグラフの中から適切なものを選ばせる」など。

③「家庭や地域との連携・協力、社会貢献」の視点から見直す（桃色）。例えば、「学習成果をまとめただけで終わらせるのではなく、地域や他の人に役立てられないかを考えさせる」など。

④「異学年・校種間連携」の視点から見直す（緑色）。例えば、「次年度に統合する二つの小学校の5年生との交流を入れる」など。

①は今次改訂のポイントの一つである主体的・対話的で深い学びの視点からの授業改善に向けた見直しであり、②は三つの側面のⅰの教科横断的な視点からの見直しであり、③④は三つの側面のⅲの地域等の外部資源の活用の視点からの見直しである。そして、このワークショップ自体が三つの側面のⅱの教育課程の設計・実施・評価・改善のPDCAサイクルを体験することに他ならない。このように、生活科や総合的な学習の時間の年間指導計画の見直し・改善のワークショップを行った後で、カリキュラム・マネジメントの3側面との関連を種明かしするのである。

（注）　村川雅弘『ワークショップ型教員研修　はじめの第一歩』教育開発研究所、2016年。

【307】

タテ連携とヨコ連携の課題とその解決策を考える研修

　本項では、2018 年度の鳴門教育大学教職大学院での集中講義「ワークショップ型研修の技法」の初日に、講義後のワークショップ体験として行った「**タテ連携とヨコ連携の課題整理ワークショップ**」を紹介する。受講生は小学校、中学校、高等学校、特別支援学校の現職教員と実に多様である。全てにかかわる課題として有効と考えた。

　チーム編成は人数のバランスから、タテ連携として「**小中連携**」2 チーム、「**中高連携**」1 チーム、ヨコ連携として「**家庭連携**」と「**地域連携**」は各 1 チームとした。各チーム可能な限り異校種の教員で編成した。なお、この年度は幼稚園教諭がいなかったので「幼小接続」のチームは作らなかった。

　写真 1 は「小中連携」チームの一つが各自の付せんを整理している様子である。

写真 1

　この授業ではこれまでも、付せんを貼り構造化を行った成果物は、図 1 のようにデジタル化（パワーポイントの作成）及びその解説を分担し行わせている。その理由は、教職大学院での学びを 2 年間の在籍中に置籍校に還元する、あるいは教職大学院修了後も活用していくためである。実際、置籍校の授業改善や学校改革においてワークショップ型の校内

図 1

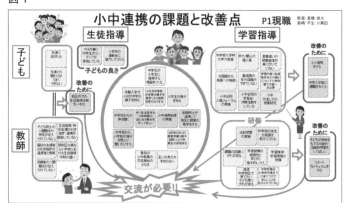

研修は多様に実施されており、その際にこの授業で作成した共有データが活用されている。

図1の解説の一部を紹介する。「生徒指導に関する子どもの課題として、友達に流されやすい、友達との関わりがうまくできないことが挙げられた。また、教師側の課題として、小中の職員間の引継ぎが機能せず、人間関係や保護者の情報、特別支援に関する手立て等に関する連携の改善を図ることが必要であることが挙げられた。小中学校ともに、行事や会議が多数あり、なかなか時間をつくることができないなかなので、小中の生徒指導面での引継ぎを機能させるためには、中学校区内の生徒指導体制の一本化を図ることが、改善のために必要ではないかと考えた。小学校を卒業した子どもがその後どのような学校生活を送っているのか、中学校入学を控えた子どもにどのような特徴があるのかを把握できるような体制の構築が求められる」。

集中講義の2日目は初日に結成した五つのチームが、整理した**課題を解決する研修プランの開発**を行った。筆者の初日の講義や受講生による事例提供を踏まえて習得した知識や・技能を活用し、探究的に開発する。ホワイトボードにテーマや対象、展開などを書きながら協議を重ねていった。写真2は「家庭連携」チームの開発の様子である。

授業初日のオリエンテーション 写真2

で、「開発したものを試行し、評価・改善を行った上で、試行した成果物をデジタル化すること」「研修プランを共通のフォーマット[1]で提出すること」「その解説文を作成すること」を各チームの課題として伝えてあるので、開発段階からパソコンで共通フォーマットに研修プランも書き入れていく様子がみられた。

各チームが開発した研修プランを試行した。開発チームからは原則2名（1名もあり）が残り、ファシリテーターとして他チームからきた院生を対象に実施する。その際に、特別ゲストとして筆者の行きつけの定食屋のマスターに「地域連携」チームの地域代表として、またその店の常連の学部生3名も各チームに分散して加わってもらった。例えば、**写真3**は学部3年生の

一人が「小中連携の課題解決ワークショップ」で熱く語っている様子である。自らが中学校に進学した時のエピソードに現職院生が熱心に耳を傾ける様子が印象的であった。

写真3

　地域連携の課題解決ワークショップに参加した現職院生も同様に学部学生の飛び入り参加について触れている。「地域という視点から分析することで、学校を内側からではなく、外側から眺めることができたのは良い経験になった。学部3年生のTさんが一緒に参加し、彼の親御さんが働く社会福祉施設の視点から見た地域連携に関する付せんがいくつも提案され、新鮮だった。地域の連携課題の解決ワークショップでは、多様な立場の人が集まり、多面的にとらえていくことができる。それらの多様な意見を集約するためにはどのシートを活用するとより効果的なのか、どのようなファシリテーターがいると一層話し合いが深化するのか等、研修する側もゴールイメージやプロセスイメージを持ってワークショップを行うことが重要であることを体験することができた」とレポートに書いている。

　このように校内研修においても、研修課題によるが、保護者や地域の方、あるいは一番の当事者である児童・生徒を加えることは近年行われていることである。

　写真4は小中連携の課題を解決するワークショップの成果物である。「生徒指導に関して～略～。小学校学習指導面では、小6の引き継ぎ会を夏休みくらいから行い学区内で実態を理解する。中学校学習指導面では中学校入学時の学力格差は中学校が責任を持って埋

写真4

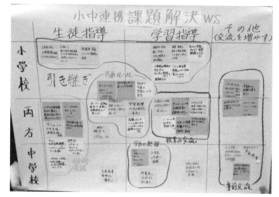

める、中学校が入学前の学力を把握し入学前に小学校へ宿題を出すか卒業前に簡単な学力テストをするなどの意見が出た。両方共通の意見として、定期的な小中合同の授業研究会を行う、小と中で交換授業を行う、小学校が中学校の授業を見学する機会を増やす、教員がお互いに授業参観し合うなど授業の交流に関しての意見が多かった。〜略〜小・中共通のルール作りを中学校区内で設けることが重要な鍵となるという結論に達した。校種が違う故に統一が難しい部分も多々あろうかと思うが、中1プロブレム解決のためには、小学校を卒業して中学校に入学する際に出来るだけスムーズに事が運ぶことが望ましい」と成果物を解説している。

　ワークショップ試行後に、各チームが**開発した研修プランの評価**を行った。「よかった点、工夫点」は水色、「疑問、問題点」は黄色、「助言、改善策」は桃色とした。授業分析ワークショップと同様の色の使い分けである。自己のチームに残りファシリテーターを担当した者は自己評価を、他チームから来た院生は他者評価を行い、その付せんを踏まえて開発したプランの改善を行った。各チームで手分けして、成果物のデジタル化、成果物の解説文の作成、プランの作成を行った。

　家庭連携の課題解決のワークショップを開発した院生は「このようにいろいろな方法を探りながら自分達に合ったシートや、やり方を探っていくことに面白さを感じた。そして成果物をパワーポイントでデータ化することにより、自分でもう一度整理して考え直すことができること、形に残ることでその後にも活用できることがありがたいと思った。今後置籍校でもいろいろな場面での研修に活用していきたいと思った」と述べている。

　この講義の受講生は9月に五つの町において**地域フィールドワーク**を2週間実施する。異なる学校種で実習を行い、幼小接続・小中連携及び家庭連携・地域連携について町単位で総合的に考えるのである。この授業での連携の課題整理と課題解決のワークショップでの学びがその時に大いに生かされることが期待される。なお、**地域フィールドワーク**の意義と取り組みについては拙書で紹介している[2]。

(1)　村川雅弘「研修プラン（書式・記入の仕方・記入例）」『ワークショップ型教員研修はじめの一歩』教育開発研究所、pp.145-147、2016年。
(2)　村川雅弘「中学校区や高等学校区の合同研修」前掲書、pp.112-113。

【308】

安心・安全のための防災・減災及び危機管理ワークショップ

　日本海中部地震（1983年5月）や長野県西部地震（1984年9月）、阪神・淡路大震災（1995年1月）、東日本大震災（2011年3月）の震災後の防災・復興教育にかかわり教材開発やカリキュラム開発を大学や教育委員会と手がけた。その度に実感してきたことは、災害に関してわが国に安全な場所はないということである。地震だけでなく、暴風や豪雨、豪雪、洪水、高潮、津波、噴火など、季節を問わずあらゆる場所で災害は発生する可能性は高い。防災・減災及び危機管理に関する研修を紹介したい。

　鳴門教育大学教職大学院の授業科目に「ワークショップ型研修の技法」（筆者が担当）がある。2015年度までは講義の後半で、受講生の現職教員の置籍校で実施予定の校内研修を各々が計画し、授業中に他の院生を同僚に見立てて試行し、その結果を踏まえて改善プランを作るとともに、ワークショップの様子や成果物を撮影し、置籍校の校内研修の説明用プレゼンに活用するという方法をとっていた。そのなかで開発された「避難所運営」にかかわるものがある。当時の院生の長谷川静教諭（徳島県）が計画・実施した。

　この研修の目的は「学校の立場を踏まえた避難所運営をどう進めるべきか。住民や自治体に運営が移行するまでの動きをイメージさせる」である。工夫点として「避難所運営ゲーム」（HUG=Hinanzyo-Unei-Game）に取り組むことで、実際に避難所運営をしなければならなくなったらどうするのか、イメージしやすくしている。なお、「避難所運営ゲーム」は静岡県地震防災センターで開発されたものである（http://www.pref.shizuoka.jp/bousai/e-quakes/manabu/hinanjyo-hug/about.html）。

　ゲームの方法は次の通りである。準備物は、体育館を含む学校施設の配置図を拡大したシートと避難してきた人を表す「避難者カード（架空の設定）」である。カードの大きさは避難所におけるおよそ一人分の占有面積である。図の大きさを基に算出し作成する。写真1は教職大学院の授業でのワークショップの成果物の途中段階の様子である。手前の地図は学校全体のものである。奥のシートは体育館の見取り図である。避難者カードを家族や地区ごとに置いている。カードの書式は「受付番号、世帯番号、地区名・地区番号、氏名（読み仮名付き）、性別、年齢、自宅の被害状況、家族構成、家族の状況や本人の健康状態」である。

　例えば、1階の保健室（ベッド2台設置）には6名の避難者を受け入れる案である。一人は怪我をしたブラジル人、5名は別の家族である。家族5枚の避難者カードから、「○○地区3班の47歳の世帯主と102歳の祖母、78歳の母、45歳の妻、20歳の長男の5人家族。自宅は半壊。母は歩行困難で高血圧の薬を無くして困っている」といった状況が伺え、この6名を保健室に入れる判断をしている。今後、別のカードが出てくることでこの判断が変わる可能性がある。

写真1

　この試行を踏まえ、地域の人や高専の教員、学生などを対象に、4時間30分のワークショップを行っている。準備物及び手順は概ね先の通りである。「ワールドカフェ」を取り入れ、各自が気づいた課題を整理した上で、その解決策についての意見交換を行っている。

　写真2はワールドカフェの成果物である。「HUGを終えての感想」「避難所で穏やかに安心して生活するために何が大切か」「避難所生活で自分は何ができるか」の3点を話し合っている。

　この成果物には、「人材育成：いろいろな人が不安を抱えるなか、忍耐と冷静さが必要である。災害時に役立つリーダーシップを発揮できる人材を育成すべきである」「情報収集：小さい子ども、乳幼児、高齢者、障がい者などの災害時要配慮者やペットと一緒に避難してくる人など、避難所へ来る人が抱える課題は様々である。日頃からどんな問題を抱えている人が近隣にいるのかを把握する必要がある」「マニュアル化：備蓄食料やトイレの衛生面等の設備に関する課題や近隣住民の情報などを踏まえ、避難所運営に関するより具体的なマニュアルを作成する必要がある」など、どの地域や学校においても参考

写真2

となるアイデアや提言がある。また、学生の「若い人が先陣を切って、避難者のリーダーとして精神面のケアをする」「若い人は体を使い、高齢の方は脳を使う」に対して、高齢者からは「私たちにも力がある。知識を伝える機会にもなる」と盛り上がったと報告されている。**地域防災**という一つの目標に向かって、立場や年代を越え地域が一つになろうとしている。立場や世代を越えて行うワークショップのよさに改めて気づかされる。

　HUGと同様のゲームとして「B72」（Bosai 72hour 防災72時間）がある[1]。災害時の特に避難所における72時間を60倍速（場合に寄っては90倍速）で模擬体験するカードゲームである。2時間のゲーム時間内で2分に1枚カードを引き、そのカードに書かれた状況を元に、自分たちが何をすべきかを考える。カードの内容を自由にカスタマイズでき、自分たちが学んだことをそのなかに盛り込んだり、自分だけでは判断できないような問題を保護者や地域の人と共に問題解決に当たることも可能である。学校の教職員だけで、避難所運営を行うことは不可能である。地域の人や子どもたちなど多くの力を頼るべきである。

　HUGやB72を、時には保護者や地域の人も交えて行いたい。運営側だけでなく被災者側に立って考えることも重要である。

　比較的時間のゆとりのある夏季休業中に行っておきたい研修の一つが「**学校危機管理ワークショップ**」である[2]。主な準備物は、危機事例や苦情事例（学校や各教員の前任校で実際にあったことを基に作成するのが望ましい＝次の事例を参考にするとよい）と分析シート（マトリクスを用いる。縦軸は「事前対応または日常的対応」「危機発生時対応」「二次的問題発生時対応」、横軸は「対児童（生徒）」「対同僚・管理職」「対保護者」「対外部（教育委員会やマスコミ、地域など）」）、その他、3色（黄色・水色・桃色）の付せん、黒の水性サインペン、多色のマジックなどである。

苦情事例：体育で陸上競技の練習中（走り高跳び）、生徒が脳しんとうを起こした。マットから落ちたようである（事故発生）。しかし、生徒はすぐに起き上がり、本人の訴えにより、体育に参加し、何事もなく1日が終わった（初期対応）。帰宅してすぐ、生徒は家で吐き気をもよおした。保護者より「今、救急車で病院に運んでいる」と怒りの声で電話があった（二次問題発生時対応）

　主な展開と時間は、以下の通りである（詳細は割愛する）。

　①ワークショップの進め方の説明（10分）：展開だけでなく、分析シートの構造や付箋の書き方など、写真を用いて具体的にプレゼンする。

②**危機管理マニュアルの作成**（30分）：危機事例を読み込み、各自が事前対応、発生時対応、二次的問題時対応の際に誰に対してどのような対応を行うかを具体的に考え、黄色の付せんに記述した上で、チームで具体的な対応や手順を整理する（**写真3**）。

写真3

③**ロールプレイ**（30分）：異なる事例でマニュアルを作成したチームが組になり、保護者と教職員に分かれてロールプレイを行う。前述の事例の場合、保護者から電話がかかってきて、授業者と学年主任が病院に駆けつけた設定で始まる。片方の事例が終われば役割を交替する。保護者役には「想定される保護者の発言例」を複数レベルで準備する。それ以外のメンバーは両者の

写真4

やり取りを聞きながら、評価できる受け答えや対応（水色）、改善が必要な受け答えや対応（桃色）を付せんに記入する（**写真4**）。

④**マニュアルの改善**（20分）：ロールプレイを踏まえ、元のチームでマニュアルを改善する。

⑤**振り振り返りとまとめ**（20分）：管理職等が危機管理についての講話を行う。ワークショップの後で意欲が高まっているので効果的である。

　このようなワークショップを夏季休業中に実際に行った学校では、2学期以降の**保護者等対応**に変化が見られる。保護者や地域住民等から苦情が寄せられたときに、すぐにチームができ、その対応を具体的に考え指示し行動する集団となる。作成したマニュアル自体が役立つというよりもこのワークショップの体験が危機に強い「**チーム学校**」を作ることにつながる。

(1)　村川弘城・山本克彦ほか「防災・減災教育のためのシミュレーションゲーム『B72』の試み」、日本教育工学会第34回大会、2018年。
(2)　田村知子「危機管理のマニュアルづくり」村川雅弘編集『「ワークショップ型校内研修」で学校が変わる 学校を変える』教育開発研究所、pp.188-191、2010年。

教員免許状更新講習の工夫（アクティブ・ラーニング編）

　様々な教員研修のなかで最も過酷かつ工夫が求められるのが**教員免許状更新講習**である。終日という物理的な問題もあるが、何よりも30代、40代、50代と年齢は多様で、保育所、幼稚園、小学校、中学校、高等学校、特別支援学校など、学校種も多様である。筆者がかかわってきたものは、カリキュラム・マネジメント、幼小接続、アクティブ・ラーニング、外国語活動と講習内容も多様である。とても一人ではまかないきれない。カリキュラム・マネジメントと幼小接続は主に知多市立旭東小学校の八釼明美教頭、アクティブ・ラーニングは日本福祉大学の村川弘城講師、外国語活動は甲南女子大学の村上加代子准教授とタッグを組み、研修の企画・運営を共同的に行った。

　「アクティブ・ラーニング」の講習の概要は右に示す通りである。

1．趣旨・日程説明（本研修のゴールとプロセス）
2．講義①「新学習指導要領が求める学校と授業」
3．演習①「主体的・対話的で深い学び」の授業づくりワークショップ
4．講義②「アクティブ・ラーニングの教材研究」
5．演習②「アクティブ・ラーニングの教材開発と発表」
6．テスト

　講義①は、筆者が学習指導要領改訂の背景や考え方、育成を目指す資質・能力、カリキュラム・マネジメント、アクティブ・ラーニングについて事例を取り上げ解説する。この部分は学校種を問わず共通である。

　演習①は、「**主体的・対話的で深い学び**」ワークショップ（本書302項）である。講義①を踏まえて、「主体的な学び」「対話的な学び」「深い学び」で期待する園児や児童・生徒の姿とその姿を引き出すための教師の手立てを各自考えてチームで整理する。あえて三つの「学び」に分けて具体的に考え、後で三つの「学び」を繋げる。保育所や幼稚園でも有効な研修方法である。実際、講習では保育所・幼稚園チームの方が子どもの姿やそのための手立てに関して具体的に記述されている。

　講義②は、村川弘城講師が担当する。**アクティブ・ラーニングの基本的な考え方**について先行研究を紐解きつつ、日本福祉大学の初年次ゼミ指導での事例を取り上げ解説している。育成を目指す資質・能力を主軸とした上で、教材の開発時において、主体的・対話的な深い学びを達成するために意識しなければならないことについて強調している。特に、深い学びに関しては、浅い学びとの対比を行い、教材の選定から開発、実施、評価の各場面におけ

る要点を説明した。

　講義②のなかで教材開発の参考となるような二つのアクティビティ（「た
ほいや」〈辞書から選んだ単語について、辞書にある本来の説明文と参加者
がでっち上げた偽の説明文を混ぜ、そこから辞書にある説明文を当てるゲー
ム〉と「間違い探し」〈同じチームのなかの異なるグループがそれぞれ異な
る二つの絵を観察し、絵の内容や構成を言葉やイラストを駆使して伝え合い、
間違いを見つけ出すゲーム〉）を体験してもらった。

　演習②は学びの集大成として、知識や経験を活用する活動として「**アクティ
ブ・ラーニングの教材開発**」を学校種別チームで行う。

　受講生の状況（学校種や担当する教科など）を考慮し、ペアで一つの教材
を開発する。その後、各チームで発表し合い、最も良いと思われる教材を選
び、他チームからコメントを踏まえ修正した後に、幼稚園・保育園、小学校、
中学校・高等学校の三つに分かれて発表する。発表者だけが各グループを巡
回して説明する形で実施した。発表時だけでなく発表後にも質問やアドバイ
スなどが飛び交った。

　2018年8月の講習では、合計25個の教材が開発された。

　国語の「**さわってあてよう**」は、箱の中に入ったものを、中身を見ずに手
で触り、その感覚をチームで共有することで当てるアクティビティである。
触感を言葉にするといった表現力を培う。例えば、箱の中に紙コップを入れ
たとする。箱の中に手を入れ、触ってチームのメンバーに伝える人（以下、
説明者）は、「紙でできている」「円錐台」といった情報を説明する。チーム
のメンバーは、それらの情報をもとに、中に入っているものが何かを当てる。
「説明者は答えがわかってもその答えを言ってはいけない」などのルールが
あることで、答えがわかってもアクティビティが終わらず、しっかりと説明
し、チームのメンバーも想像する機会を確保することができる。また実施の
際には、子どもたちの既有の知識や技能を組み合わせることで正解に導ける
よう、中に入れるものをしっかりと選定することを求めている。

　社会科の「**集めよう**」は、まず、指定された歴史上の人物をチームで調べ、
八つのキーワードを選択してそれぞれカードに記入する。全てのチームのカー
ドをよく切って各チームに再配布し、他のチームとカードを交換して1人
の人物に関係するカードを8枚集める。例えば、織田信長が指定されたチー
ムの場合は、織田信長に関する項目を調べ、「楽市楽座」「関所の撤廃」「安
土城」などをカードに記入する。他のチームでも、豊臣秀吉や徳川家康、明

智光秀などに関するキーワードをカードに記入する。全てのチームのカードを集め、それをよく切った後、8枚ずつ各チームに配る。8枚のカードの内訳が「刀狩」「太閤検地」「楽市楽座」「朝鮮侵略」「兵農分離」「天下統一」「本能寺の変」「関ケ原の合戦」だったとすると、「刀狩や太閤検地、朝鮮侵略や兵農分離などは、豊臣秀吉に関するものなので、われわれは豊臣秀吉のカードを集めよう」といった話し合いがなされる。他のチームに行き、豊臣秀吉に関するカードを見つけ、「天下統一」のカードと交換してもらう。複数の人物と関係のあるカード、例えば「本能寺の変」などは、明智光秀のカードを集めているチームと交換をしてもらうことも考えられる。選ばれた人物によっては、カードの内容が被る、複数の人物と関係がある事柄に気づくことができる。全てのチームが8枚全部揃えることをゲーム全体のゴールとすることで、複数の人物と関係がある事柄のカードに注目させることができる。実施の際には、人物間の関係などを意識してゲームができるよう、対象とする歴史上の人物をしっかりと選定することが重要となる。児童や生徒にカードを作成させることも有効である。

「**ゲームの要素を取り入れた教材**は、それだけで子どもたちの主体性を引き出すことができる」と効果を認めつつも「子どもたちが何度も繰り返し実行してくれるからといって、反復練習をゲームに置き換えただけでは、深い学びへとつなげることはできない。試行錯誤するか、話し合いを重ねることで良い結果が得られるものを最低条件とし、その試行錯誤や話し合いの際に得られる知見や考え方が**各教科の見方・考え方**につながるべきである」と村川弘城講師は活用上の留意点を示している。

　アンケートの自由記述の一部を紹介する。「対話し意見を述べ合って問題を解決していくことを、具体的に経験し子どもの立場に立って理解が深まった」（幼）、「園で取り入れられそうな内容もあり、また異校種の先生の話も聞けておもしろかった」（幼）、「自分自身の日々の授業を振り返る機会となったし、子どもたちの学びを深めていくための手立てを考えられた」（小）、「演習・解説がほとんどの授業スタイルを考え直すきっかけになった」（高）など、学校種を問わず効果があったことが窺える。

【310】

教員免許状更新講習の工夫（幼小接続編）

「**幼小接続のための考え方・進め方**」の教員免許状更新講習は何度か改訂を行ってきたが、基本的な内容・構成は**資料1**に示す通りである。

　受講生は、幼稚園と保育所及び認定子ども園等が中心であるが小学校も一定程度含まれ、時には中・高等学校の教員も存在する。

資料1

```
1．趣旨・日程説明（本研修のゴールとプロセス）
2．演習①・発表「幼小接続の課題整理ワークショップ」
3．講義①「指導要領改訂の方向性とカリキュラム・マネジメントの意義及び幼小接続の課題」
4．講義②「幼小接続の意義とスタートカリキュラムの考え方」
5．講義③「アプローチカリキュラムの考え方」
6．演習②・発表「幼小接続の課題別の解決策・改善策のアイデア整理ワークショップ」
7．演習③「アプローチカリキュラムとスタートカリキュラムの作成演習」
8．発表・総括
9．テスト
```

　講師は、筆者と元小学校教務主任及び**知多カリキュラムの生活科とスタートカリキュラム**（以下、引用等を除き「スタカリ」）の作成者である知多市立旭東小学校の八釼明美教頭である。

　まず、殆どが初対面の上、学校種や年代の異なる受講生の緊張を解きほぐすねらいもあり、学校種混合で「**幼小接続の課題整理**」ワークショップを行った。

　模造紙を縦に使用し、タテ・ヨコ1×3のマトリクスを書き、上から幼小接続の「成果」「課題」「改善策」とした。幼保側や小学校側あるいは両方にかかわる「成果」を水色の付せんに記入し、「課題」を黄色の付せんに記述して整理した。

　ワークショップ後、各チーム1分ずつ結果を報告してもらい、特に**課題の共有化**を図った。共通課題として、まず「引き継ぎが上手くいかない」や「園や教師・保育者によりカリキュラムや指導に差がある」、「入学してくる保育所や幼稚園が多くて、交流が難しい」「1年で赤ちゃん返りをさせている」といった連携上の課題が多かった。「和式のトイレへの不安」や「弁当から給食への不安」も複数見られた。「小学校へ上がる前の訓練が厳しすぎ、行く前からいやになる可能性がある」という意見もあった。接続のあり方として十分に配慮する必要があるだろう。

　この一連のワークショップが初対面の受講生の**アイスブレイキング**の役割

を果たすと共に、その後の三つの講話に対する各自の問題意識を明確化し、「学びの構え」を形成することに繋がった。

講話①では、筆者が、学習指導要領改訂の主に幼保小中高において共通に理解しておくべき、「育成を目指す資質・能力」や「主体的・対話的で深い学び」、「カリキュラム・マネジメント」及び後述の「サクスタ」（後述）のアイデアを基にした中・高のスタートカリキュラムの取り組みについて述べた。

講話②では、八釼氏が「幼児期の教育と児童期の教育の違い」及び「連携と接続のイメージ」、

資料2

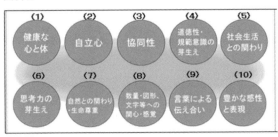

| (1) 健康な心と体 | (2) 自立心 | (3) 協同性 | (4) 道徳性・規範意識の芽生え | (5) 社会生活との関わり |
| (6) 思考力の芽生え | (7) 自然との関わり・生命尊重 | (8) 数量・図形、文字等への関心・感覚 | (9) 言葉による伝え合い | (10) 豊かな感性と表現 |

接続期カリキュラムの捉え方が「小1プロブレムの未然防止」や「学校生活への適応」から「幼児期の終わりまでに育ってほしい10の姿（資料2）を踏まえての主体的に自己を発揮しながら学びに向かう資質・能力の接続・育成」へと変わってきたことを述べられた。その後、スタカリの作成及び運用の仕方について、八釼氏自身が開発した「サクスタ」（「サクサクできるスタートカリキュラム作成ツール」の略称。日本文教出版のHP〈https://www.nichibun-g.co.jp/tools/sakusuta/〉からダウンロード可能。2019年1月に後継版「サクスタ❷」〈資料3〉刊行）を用いて述べられた。

講話③では八釼氏が知多市のアプローチカリキュラム（「サクスタ」の考え方をベースに作成され

資料3

ている。以下、引用等を除

き「アプカリ」）を紹介し

た後、「幼児期の終わりま

でに育ってほしい10の姿」

を踏まえての活動の意味づ

けを行った。例えば、「ア

クセサリー屋さん」の場合、

「(3) 必要なものを持ちよ

る・看板に折り紙の飾りを

貼る」や「(6) 3本のモー

ルをねじり始める」「(8)

写真1

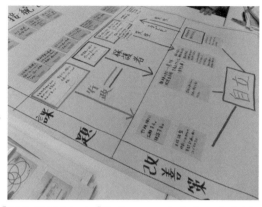

『Ａ・Ｂ・Ｃのお店』」「(9)『帽子がほしい』『そう、コックみたいなの』」「(10) 思い思いに模様を描く」のように、一つひとつの言動を10の姿で捉えることの必要性を具体的な事例で示した。この事例は後の演習のヒントとなる。

　演習②では、午前中に出された「課題」に対する「解決策・改善策」を三つの講話を踏まえて考え整理した。ワークショップの途中で、モデルとなる整理の仕方を撮影しプレゼンを行ったことで、課題と解決策・改善策を関連づけて表すチームが多かった（**写真1**）。

　具体的な解決策・改善策として多様なものが提案された。「(幼小接続も重要だが＝筆者注) 幼保間で学習や生活のレベルを揃えることも必要」と小学校に入学してくる多くの幼保間の差を少しでもなくすことが示された。「生活レベルでできるようになっていて欲しいことを小学校から伝えておく」という意見もあったが、そのために「10の姿を元にアプカリとスタカリを作成する」「アプカリとスタカリにより幼保小の教師が共通理解を図る」というようにアプカリとスタカリが幼保間及び幼保小の共通理解を図るのに有効であるいう積極的な意見も多く見られた。また、保護者の不安を取り除くための方法としては「保護者を小学校の土曜参観に誘う」「幼稚園児や保育園児が給食を食べる体験を行う」が示された。

　チームの報告は各1分程度で行ってもらった。特に印象深かった改善策は「今日のような保育園、幼稚園、小学校の先生方が集う場所というのはなかなかない。今日はとても勉強になったし、目からうろこのことがたくさんありました。このような幼保小の先生方が語り合えるような研修の場をもっと

活用していくのがよいと思いました」（保育所）である。また「幼稚園と小学校の交流も重要ですが、幼稚園と保育所の交流が入学前にあると、入学後のお友だちづくりに効果がある」（幼稚園）という意見も出た。

　まず幼小接続の成果と課題を整理し、三つの講演を受けて、課題解決のための改善策を考えるという流れは非常によかったと考える。また、**幼稚園や保育所等と小学校の教員による混合チームでワークショップを行ったことが**効果的であった。改善策のなかに「幼保小の教師の交流の場を増やす」「行政が中心となり保幼小の交流・連携の橋渡しをする」という意見も数多く見られた。自分たちの成果物をスマホで撮影する姿が多く見られた。この成果物やワークショップの経験を生かし、免許状更新講習が個人の研修に止まらず、園や学校に還元されることを期待する。

　演習③は二つのグループに分けて実施した。一つはアプカリを作成するグループである。筆者が担当した。幼稚園と保育所の教員による混成チームである。「ドッジボール」「郵便ごっこ」「氷作り」「凧あげ」「豆まき」「鬼ごっこ」などの活動に関して、講話③で示した事例を参考に「**幼児期の終わりまでに育ってほしい10の姿**」の視点で**環境構成と保育者の援助**及び「**予想される幼児の姿**」をチームでの協議を通して具体的に考案する（**写真2**）。

写真2

写真3

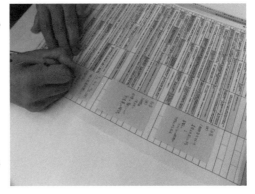

　もう一つはスタカリを見直すグループである。八釼氏が担当した。講話②で八釼氏が紹介した「サクスタ」で作成した「スタカリ一覧表」を活用した。一覧表の完成例にある学習活動を行うに当たって、自分の学校において工夫でき

そうなことを具体的に記述してもらった。まず、個人で考え（**写真3**）、その後シェアリングを行った。作成した（あるいは作成された）サクスタをそのまま運用するのではなく、学校や子どもの実態に応じて柔軟に運用することを意識付けするために行った。

受講生のアンケートを紹介する。

「小学校の先生との交流がグループワークを通してできたのがよかった」「幼稚園・保育園の先生の生の声がきけたのでとてもよかった」「日頃では得られない保幼小の先生方との交流の機会が持てたことがよかった」という意見が多く、あえて**異校園種のチーム**で「**幼小接続の成果と課題、改善策**」を**整理するワークショップ**を行った効果が大きい。また、「内容も分かりやすく具体例もたくさん取り入れてくれていたので、聞きやすく学びやすかった」「活動の多い内容は視点を変えて問題や解決策を見ることができて面白かった」「成果と課題をはじめのワークショップで出し合うことで、意識化されたのでよかった」といった回答も多く、講習の内容や構成に関しても高く評価している。「自分の力だけでは変えられない大きな課題である幼小接続ではあるが、考える場、学ぶ場が持てたことはとてもよかった」「子どもたちが安心して学校に通えるよう、今後は課題解決に向けて取り組んでいきたい」というように前向きで高い意欲が感じられる意見も多かった。

【311】

資質・能力をバランスよく育むための大学授業の工夫

　筆者は甲南女子大学以外に、鳴門教育大学や徳島大学、福山市立大学、聖心女子大学（隔年）でも授業を担当しているが、できるだけ「**主体的・対話的で深い学び**」を心掛けている。また、「**育成を目指す資質・能力**」を念頭においている。特に、学部1・2年生は採用試験や教職はまだ先である。筆者が提示する課題や資料に対して、自分なりの考えを持ち、ペアやチームでの対話を通して解決していく活動を中心に展開する（「**思考力・判断力・表現力**」の育成）。必要に応じてテキストや副教材を紐解き、専門的な知識や概念を確認する（「**知識・技能**」の習得）。そして、授業や教職への「**興味・関心・意欲**」を引き出すこと（「**学びに向かう力・人間性**」の涵養）を重視している。

　福山市立大学の「生活科指導法」（集中講義）も同様である。個別形態が基本であるが、必要に応じてすぐに5〜6名で協議する。「**単元開発ワークショップ⑧⑨**」では3人掛けの二つのテーブルを合わせて10チーム作る。教材としては、福山市内の小学校で使用されている生活科教科書（上巻・下巻）とそれ以外の教科書会社5社のものを用意する。その他、授業の内容に関連したプリント資料を随時配布する。また、「**学習指導要領解説　生活編**」（以下、解説）も随時使用する。

　3日目は知多市立旭東小学校の八釼明美教頭とTTを行う。八釼氏は知多地方で作成している**地域カリキュラム**「**知多カリ**」の生活科カリキュラム及び**スタートカリキュラム**の作成の中心であり、また**幼小接続**にも堪能で、数多くの著作がある。関連講義の担当だけでなく、学生が作成した単元計画に対して実践者の立場から具体的なコメントを行う。

　資料1が主な内容・展開である。まず、子どもの頃の生活科を思い出してもらう。次に、家族単元を中心に平成4年、平成14年、平成27年の教科書を実物提示し、比較分析させ、時代背景による変遷を捉えさせる。そして、創設前後の生活科に関する特集番組等の視聴を通して背景や趣旨の理解を図る。4コマ目から7コマ目にかけては九つの学習内容を扱い、チームごとの**教科書分析**を中心におおよその展開や内容、配慮事項の理解を深める。基本的には個人で分析した後にチームで話し合い、全体に発表し、筆者が解説や配布資料等で確認・説明を行う展開である。8コマ目から11コマ目にかけ

ては10チームに分かれての**単元開発**とその成果発表、チーム相互の助言、八釼氏によるコメント、それらを踏まえた加筆修正である。12コマ目は八釼氏による指導案作成の仕方と幼小接続に関する講義、13コマ目は自然を活用したゲーム等の紹介と体験、14コマ目は子ども理解の難しさと学習評価の考え方・あり方、最終の15コマ目は4日間の学びの集大成として「単元づくり」（B4両面、テストを兼ねる）を個人で行わせる。

資料1

①小学校時代の生活科の想起・印象深かったこと
②「家族単元」にみる教科書づくりの変遷
③学習指導要領の変遷（概要）、生活科誕生の時代背景と趣旨、教科目標の確認
④「学校探検単元」「飼育栽培単元」の工夫と配慮事項、教科内容の確認
⑤「町探検単元」と地域との連携協力、ウェビングによる教材研究体験
⑥「遊び・製作単元」と主体的・対話的で深い学びの実現
⑦「成長単元」と家庭との連携協力
⑧「単元開発ワークショップ」（チーム）
⑨「単元開発ワークショップ」（チーム）
⑩「単元開発ワークショップ」（チーム）発表と相互助言及び実践家コメント
⑪「単元開発WS」（チーム）発表と相互助言及び実践家コメント、助言やコメント等を踏まえた加筆修正
⑫指導案作成の仕方、幼小接続の意義と方法
⑬自然を活用したゲームや遊びの工夫体験
⑭子ども理解の難しさと学習評価の多様性
⑮テストを兼ねた既習事項の活用（「単元計画作成」〈個人〉）と授業評価

　8・9コマ目のワークショップは7コマ目まで習得してきた「知識・技能」の活用の時間と言える。具体的な単元づくりを通して「生きて働く『知識・技能』」となる。

　受講生が出席番号順に10チームに分かれ、1年の「学校探検」等5単元と2年の「町探検」等5単元の単元計画を作成する。単元づくりと並行して、**デジタル教科書**を使う体験を行う。

　写真1が単元づくりワークショップの様子である。教科書と解説、これまでの学びを参考に、アイデアを出し合いながら進めている。

写真1

　写真2が単元計画の成果物である。左側が学習活動、右側が教授活動である。子どもの活動や体験は水色に、教師の指導や支援（環境設定を含む）は黄色に、各教科等との合科的・関連的な指導は緑色の付せんに書かせた。**写真2**の作品は2年単

元「大きくそだて　みんなの野さい」の前半部分である。19時間の設定で、大きく五つの活動からなっている。日常的な水やりや草とりなどは含まれていない。なお、最終のテストでは、チームで開発した単元を参考に、評価の視点や方法も加味して単元計画を完成させる。単元

写真2

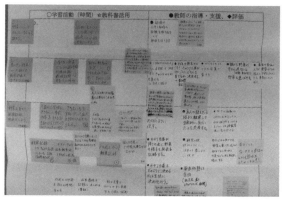

目標は「**育成を目指す資質・能力**」の三つの柱で考えさせている。テストは他のチームが開発した単元で挑戦してもいいことにした。

写真3は発表の様子である。「発表時間」は6分、他のチームからの「助言」(桃色の付せんに書く)は2分、八釼氏からの「コメント」は5分、交代・準備は2分とした。1年入学直後の単元から2年最後の単元までを順番に発表したので、2年間の大きな流れを理解することができる。タイマー使用により予定通りに進めることができた。

全10チーム発表後に、他チームからの助言と八釼氏からのコメントを踏まえて計画を加筆修正する時間を20分程度設定した。

写真3

写真4

　成果物10点を廊下に展示した。スマホで記録する姿が数多く見られた(写真4)。教育実習や就職してから役立ててもらえることと確信する。

　ワークショップに関する感想を一つ紹介する。「一人で単元づくりをするより、ワークショップという形で他者と話し合いをしながら行う方が、意見もたくさん出て、自分では考えてこなかったことやなるほどと思うことがいっぱいで、活かしたいと感じる発見が多々あった。また、時には6人のなかで意見が食い違う場面もあったけれど、そういった時に、なぜこのような意見を持っているのか、それぞれが伝え合うことで互いに納得できたし、異なる意見の良さを取り入れて、より良い新たな方法や活動を生み出すことができ、ワークショップの良さを実感することができた。教師になったら、単元づくりや指導案作成は一人ですることになると思うけど、時々このようなワークショップがあると、教師の視野や考えが狭まることなくどんどん広がっていき、より良い単元を作り続けることができると思った。〜略〜」と述べている。同様な意見が多数見られた。**主体的・対話的で深い学び**が起きていることが伺える。

　また、現職教員である八釼氏のコメントに対しては、「〜略〜先生が一人で考えたり、授業をしたりするのではなく、地域・保護者、他の先生、幼保と連携・協力してもいいと言われたことが、一番印象に残っています。将来教員になるうえで楽しみもありますが、自分にできるのかという不安がずっと自分のなかにあったので、このことを言われて不安が減りました。〜略〜」と「**学び（教職）に向かう力**」に関わる感想や「八釼先生は、どのチームの発表に対しても前向きな意見をくださり、『**あきらめずにやってほしい**』といった言葉をかけてくださった。私は、このことから、さまざまな事情により難しいなと思ってやめてしまいそうな活動も、すぐに断念してしまうのではなく、柔軟な視点をもって、あきらめずに活動してみることが大切だと強く感じた。〜略〜」と「**（教員としての）人間性の涵養**」に関わる省察も見られた。

　集中講義の前半で習得した「知識・技能」が、八釼氏のコメントをきっかけに、単元の加筆修正という形で、再度「思考・判断・表現」がなされ、「生活科の授業をやってみたいな」とか「教師ってなんだか、楽しそうだな」という「**学び（教職）に向かう力・（教員としての）人間性の涵養**」に繋がっている。学校現場において、「**生きて働く知識・技能**」として発揮されることが期待される。

大学における授業研究〜アクティブ・ラーニングの実現を目指して〜

　小学校や中学校では盛んに**授業研究**が行われているが、大学においても一般的に FD（Faculty Development）という名の下で実施されている。互いの**授業の工夫・改善**のために組織的に取り組む。大学教員には大きく分けると、研究能力、教育能力、経営能力及び社会貢献力が求められる。研究だけを行っていればよいというのは遠い昔の話である。**研究能力**は専門性が問われるために、関連学会での発表や学会誌投稿などを通して能力向上に努める。**経営能力**は大学運営に関する能力である。大学全体の委員や学部・学科内の役割分担や学部長や学科長などの職務を通して培われる。**社会貢献**とは主に学外での社会的活動で、学会理事の諸活動（学会誌の編集やセミナー等の企画・実施など）、文部科学省等の教育行政の各種委員、教育センターや学校現場での講演や指導が該当する。書籍や教育雑誌による研究知見の発信も関連する。

　これらのなかでも特に近年は「**教育能力**」の向上が求められている。そのための具体的な取り組みとしては、**学生による授業評価**（授業最終日に実施されることが多い。5肢選択程度の質問項目と自由記述からなる）や公開授業が一般的に行われている。

　筆者は前任校の鳴門教育大学で FD 委員長を任された時は、ワークショップを企画・実施した（平成 18 年 11 月）。「**学部授業改善のための FD ワークショップ**」と銘打って、授業づくりの基本的な考えやアイデアを共有するワークショップを試行した。その際、大学教員だけでなく授業を受ける側の学生と卒業後に学生を受け入れる側の教育委員会の指導主事にも加わってもらった。縦軸は「授業」「授業以外」、横軸は「教員」と「学生」の座標軸からなるシートを用いて行った。**写真 1**はワークショップの様子である。私たちのグループは教員が筆者を含め 2 名、学生が 2 名、指導主事が 1 名の 5 名であった。

　写真 2はグループを代表して筆者が全体発

写真 1

写真 2

表している様子である。真ん中にはわがグループで整理した三つの目標が書かれている。「教職に必要な基礎的知識」「公立校に通用する実践力」「授業づくりの全容が分かる講義の工夫」である。教員が授業で工夫することとして「講義のなかに体験・思考・話し合いの場を盛り込む」、学生が大切にするべきこととして「実習後の改善案の共有」「現職院生の経験を生かす」「実習に行った先輩の話を聞く」が挙がっている。授業以外で教員が行うこととして「採用試験対策での現職院生への協力依頼」「現職院生を交えた実践的な授業研究」、学生が授業以外において努力すべきこととして「実習等の体験を語り合う」などが挙がっている。

　個々の授業についての良し悪しや改善点を具体的に協議する**授業研究**も大切であるが、時には**授業づくり**の考え方や進め方について情報交換を行ったり、当事者である学生や受け入れ先である教育委員会等の指導主事を交えたワークショップも有効である。

　甲南女子大学で、企画・実施したワークショップが**資料1**である。

　ねらいを「全学的に、授業において**アクティブ・ラーニング**を取り入れることが模索・試行されている。各教員が取り組んでいる具体事例（教材や学習形態、ICT 活用など）を持ち寄り、相互に評価及び助言を行うことを通して、学び合うと共に、アクティブ・ラーニングに関する全学的な意識を向上させる」とした。

　また、ワークショップの際に、各教員が持参する資料として「**授業工夫シート**」（**資料2**）の例を二つ提示した。一つは学部2年生85名対象の「教育方法論」、もう一つは学部3年

資料1

(2019 年度全学 FD 委員会　資料1)

甲南女子大学　全学 FD ワークショッププラン

研修名	アクティブ・ラーニングを取り入れた授業の工夫・改善ワークショップ
研修のねらいと概要	全学的に、授業においてアクティブ・ラーニングを取り入れることが模索・試行されている。各教員が取り組んでいる具体事例（教材や学習形態、ICT 活用など）を持ち寄り、相互に評価及び助言を行うことを通して、学び合うと共に、アクティブ・ラーニングに関する全学的な意識を向上させる。
実施日・時間場所	2019 年 7 月 3 日　16 時 30 分〜17 時 50 分（90 分）管理棟 031 教室
準備物	□付せん：ブルー 500 枚、イエロー 500 枚、ピンク 500 枚（参加者 50 名の場合） □「授業工夫シート」（参加者に事前配付、参加者は事前に作成し、A4 を 3 枚、A3 に拡大したものを 1 枚準備する。） □「授業工夫シート」記入例（参加者に事前配付、FD 委員が自己の授業を元に「授業工夫シート」を作成し、全学教員に提示する。）

ワークショップの流れ・内容〔時間〕	形態・準備物等
1．開会の挨拶〔5 分〕（森田学長）	
2．ワークショップの説明〔10 分〕（村川委員）	□説明用のプレゼンテーション
3．工夫・改善ワークショップ〔60 分〕 ①各 15 分（工夫・改善内容の説明 8 分、コメント・質疑 5 分、交替 2 分） 説明や質問の間に付せんにコメントを記入（ブルー：工夫されている点、イエロー：問題点や疑問、ピンク：助言・改善策） ②時間調整・一押しアイデアの決定	4 人編成 □付せん 3 色（各色 10 枚） □タイマー（PC で提案）
4．グループ一押しアイデアの紹介〔10 分〕 各 40 秒程度×12 グループ	グループ内における授業づくりの一押しのアイデアを紹介し、共有化を図る。
5．閉会の挨拶〔5 分〕（前川 FD 委員長）	

準備事項	□参加人数の確認→グループ編成（異なる学部・学科の教員による編成） □「授業工夫シート」等の全学教員への事前送付。 □参加者に記入した授業工夫シートを 4 部印刷して持参してもらう。

生10名対象の「子ども学演習Ⅰ」(いわゆるゼミ)である。大人数と少人数の授業が存在するので両方の事例を示すこととした。筆者だけの事例では学部・学科に偏りが生じるので、全学から集まっているFD委員会委員が書式に従って事例を示した。

研修当日の実際の様子を、研修後のアンケート結果を紹介しながら紹介する。

森田勝昭学長の冒頭の挨拶の後、コーディネーターを任された筆者が研修の趣旨、アクティブ・ラーニングの定義、ワークショップの進め方について説明した。

資料2

(2019年度全学FD委員会 資料2)

甲南女子大学 授業工夫シート例

学部・学科	教員名	対象学年	時期
人間科学部・総合子ども学科	村川雅弘	3年	前期・4月

授業科目名	授業内容	コマ数	受講者数
子ども学演習Ⅰ	「学級開き」「学級経営」を考える	8コマ	10名

アクティブ・ラーニングの手法	■発表・報告、■ディスカッション、■グループ・ワーク、□フィールドワーク、□実験・実習、□模擬授業、■質疑、□振り返り、□その他( )
工夫した点 (色々ご意見をいただきたい点)	①実習前の学生は「学級開き」「学級経営」の知識や経験を持ち合わせていないため、必要な知識や情報を現職教員のインタビューから得ることとした。 ②理解や収集には個人差があるため、各自でメモを取ったのも重要と考える手立て等をふせんに書き、KJ法で整理し共有化を図る。その後、関連資料を構読し、各自小論文にまとめる。つまり、「主体的な学び」「対話的な学び」「深い学び」のプロセスを経ることとなる。 ③通常は1チーム5名程度が適切であるが、学生は本格的なワークショップが初めてであり、教員が必要に応じて介入するために10人編成とした。 ④先輩教員の経験知を元に学生自らの力で形式知化する活動は、就職後において求められる学び方である。

授業の展開のあらまし

1. 授業の進め方について説明する。(10分)
2. 学級経営力の高い3名の現職教員のインタビュー映像より、「学級開き」「学級経営」「教室環境整備」の考えや手立てを読み取り、ワークシートにメモを取る。(60分)
3. メモした事柄を付せんに記入する。(20分)
4. KJ法で付せんの整理・構造化を図る。(50分)
5. 分担して発表し、改めて共有化を行うと共に、知識の関連付け・構造化を図る。(10分)
6. 「学級開き」や「学級経営」等に関する資料を読み、教員の解説を聞き、理解を深める。(20分)
7. 「学級開き」や「学級経営」等に関する小論文をまとめる。(60分)
8. 小論文を読み合い、相互批評を行う。(30分)

ワークショップの進め方について説明した。

ワークショップ全体の時間は60分とした。48名の参加があったので、学部・学科が異なる4人編成とした。各自15分の持ち時間で、工夫・改善内容の説明:8分、コメント・質疑:5分、交替:2分の設定で行った(**写真3**)。各授業者が作成した「授業工夫シート」を元に説明を行ったり、質疑・応答を行ったりしている間に付せんにコメントを記入した。水色は「工夫されている点・参考になる点」、黄色は「問題点の指摘や疑問」、桃色は「助言・改善策」とした。

FD委員が自らの授業について「授業工夫シート」で整理し、全教員に配布していたので、1週間ほどの短い準備期間にもか

写真3

かわらず、参加者の殆どが「授業工夫シート」を作成・持参した。

　研修後のアンケートには、「他の先生方のアドバイスや実践に感動しました。教育の本質を改めて確認できました」（看護学科）や「楽しくできたので、毎年でもやって欲しい」（総合子ども学科）、「時間の過ぎるのが早く、学生がアクティブ・ラーニングを取り入れた授業を受けている時の気分を味わいました」（生活環境学科）など好意的な感想が殆どであった。参加者一人ひとりが自己の授業を分析・整理した上で研修に参加し（**主体的な学び**）、そのために具体的な工夫点やその元となる考えを述べ合い、協議することができ（**対話的な学び**）、その過程で授業づくりに関しての（**深い学び**）が実現したと考えられる。

　直後に挙手していただいたが、4人グループが適切だったと考えられる。また、プロジェクターで60分から1分ずつカウントダウンするプレゼンで交替のタイミングを示した。「時間管理法が参考になった」というコメントもいただいた。学校現場と同様、ワークショップ型研修において**時間管理**は極めて大切である。

　協議のなかでの成果を全体で共有するために「**一押しアイデア**」を1グループ40秒ほどで報告してもらった。「全体の発表のなかにも参考になるアイデアが多く、これから授業計画を立てる時に是非取り組みたいです」（看護学科）とあるように、各グループの成果の一端を共有化することは意義深い。

　アンケートの殆どが好意的な感想であった。「今後も本日のような機会があれば是非参加したい」（医療栄養学科）、「大変勉強になりました。分野は違っていても、授業上で困っている箇所は似ていました。それに対して、他の先生方は工夫をされていて尊敬するばかりです。〜略〜手法は知りながらもできなかったことも、それを実践されている方の話を聞くと、やってみようと思います」（生活環境学科）や「授業の内容や目的、授業形態、学年や人数もそれぞれ異なるため、直接的な形で自分の授業に利用できるものではありませんでしたが、それぞれの先生が自分の授業に真摯に取り組んでおられる姿は自分にとって大いに刺激になりました。自分の授業を考えるアイデアはいただけたと思います」（総合子ども学科）、「学生の主体性を尊重するための工夫として、教員の関わり方、グループの人数配置、失敗してもよいという安心して演習に臨むことができるためにはどうするかといった点で、さらに工夫の余地があると思いました」（看護学科）など、学部や学科を越えても学び合えるものが多々あることが伺える。

◆4章◆カリキュラム・マネジメントの実現戦略

【401】

カリキュラム・マネジメントの七つのレベル

　各地の集合研修や教職大学院等の授業で述べてきたことであるが、一言に「カリキュラム・マネジメント」（以降、「カリマネ」と略す）といっても多様なレベルが存在する。

　一つ目は「**学校のカリマネ**」である。本来、言われている「カリマネ」はこれに該当する。新学習指導要領の総則のなかで述べられているものはこれである。学校経営ビジョンやグランドデザインという形で示されることが多い。主に、校長や教頭、教務主任等が中心に作成することが多いが、教職員全員で構想していくことが望ましい。

　子どもの実態や次代を見据え、どのような資質・能力を育むべきか、学校教育目標を具体化・共有化するとともに、その実現化に向けての授業づくりのための基本方針（例えば、授業スタンダードや学習規律など）や研修体制、研修計画等を策定して、目標及び方法のベクトルを揃えることである。本書では、鎌倉女子大学附属小学校（403項）及び新宿区立西新宿小学校（404項・405項）の事例が該当する。

　二つ目は「**教科・領域のカリマネ**」である。「学校のカリマネ」を拠り所としながら、例えば、わが中学校で3年間かけてどのような英語教育を展開するのか、付ける力を明らかにしその実現のための授業づくりの基本方針、教授組織や環境整備、研修をどう進めていくかを考え、実践し、見直していくことである。各教科主任や道徳主任、総合学習主任などが主たるカリマネリーダーとなる。本書では、鹿児島市立田上小学校（407項）と石川県珠洲市立直小学校（408項）の事例が該当する。

　三つ目は「**学年のカリマネ**」である。同じ学校であるにもかかわらず、学年により子どもの実態が異なることはよくある。筆者もこれまで多くの学校を訪問し、少なからずそう感じた経験がある。「学校のカリマネ」を拠り所としながら、担当学年の子どもの実態を踏まえて、学年団としてどう子どもを育てていくかの基本方針を考え、実践し、見直していくことが重要となる。

　四つ目は「**学級のカリマネ**」である。前者と同様に、同じ学年であるにもかかわらず、学級により子どもの実態が異なることも少なくない。何より、小学校であれば学級担任の経験年数や力量に違いがある。学級づくりはそのことを前提に始めなければならない。「学校や学年のカリマネ」を拠り所と

しながら、担当した子どもの実態を踏まえて、1年間かけてどのような力を付けていきたいのか、そのためには仲間づくり、授業づくり、学級経営等をどう進めていくのか、教室環境をどう整備していくのか。新任教員にも求められるカリマネである。本書では、次項で詳しく触れる。

　五つ目は「**子ども一人ひとりの自己の学びのカリマネ**」である。カリマネの最終ゴールとも言える。子ども一人ひとりがどのような目標を設定し日々学んでいくのかを考えることである。本書の203項で詳しく触れている。

　以上のように、「学校のカリマネ」を拠り所として、上記の四つのカリマネが連動する。「学校のカリマネ」のなかで「教科・領域のカリマネ」や「学年のカリマネ」が機能し、「学年のカリマネ」のなかで「学級のカリマネ」が機能するというイメージである。

　さて、六つ目は「**地域のカリマネ**」である。各学校の「学校のカリマネ」の充実化を図る上で欠かせないと考えている。ある学校が素晴らしい実践を行っても、校長や主たる研究メンバーが異動するとなし崩しになる事例を少なからず目にしてきた。また今後、「資質・能力の育成」及び「社会に開かれた教育課程」を実現していく上で地域教育行政が各学校の「学校のカリマネ」を支援していくことが求められる。本書では大分県佐伯市（505項）の地域を挙げての取り組みが該当する。

　他に、県レベルでは新潟県の「カリキュラム・マネジメント新潟モデル」や高知県の「能力ベイスの探究的な授業づくり」、市レベルでは新潟県上越市の「視覚的カリキュラム表」、愛知県知多地方の「知多カリキュラム」、中学校区レベルでは広島県尾道市立向島中学校区の「しまっ子　志プロジェクト」などがある(注)。向島中学校区は、地域のカリマネの実績を生かし、GIGAスクール構想の実現に向けても4校で取り組んでいる。

　最後の七つ目が「**国レベルのカリマネ**」である。筆者は3期にわたって学習指導要領の改訂に部分的にかかわってきたが、おおよそ10年に1度の「国レベルのカリマネ」であることを実感してきた。

　例えば、**写真1**は今次改訂の際の中央教育審議会の中学校部会の1回目の会議のワークショップの成果物の一つである。約15名の委員が3チームに分かれ、中学校教育の課題の抽出と整理を行った。**写真1**の成果物について発表をさせていただいたが、要約すると以下の通りである。

　①地域を理解し貢献する力や将来設計力、困難なことや新しいことに挑戦する力が今後さらに求められている一方で、従来型の学力の差は否めない。

その改善策として、アクティブ・ラーニングが提案されている。

写真1

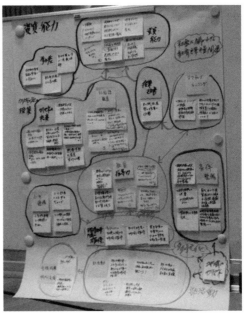

②総合的な学習の時間に関しては、小学校の方が充実し、中学校は体験活動や行事で終わっていて意欲が減退している事例が見られる。また、職場体験も実施日数に差もあるが、質の改善が問われる。

③授業の改善やカリキュラムの充実には、教員の指導力が求められるが、教員の研修への意識は高くとも部活動や生徒指導で時間が確保できないという反応が多い。

④子どもたちが地域に出掛け、職場体験や地域貢献を行っている。地域の人材、応援団を活用しながら、学校教育全体にかかわってもらえる条件整備が必要である。タテ連携・ヨコ連携を図り、共通理解を深めながら地域のカリマネを進めていくことが、最終的には資質・能力の育成やアクティブ・ラーニングの実施、学校のカリマネの実現につながる。

　子どもたちの実態を踏まえながら、次代を生き抜く上で必要となる資質・能力を見据え、国としてどのような目標を設定するのか、目標の実現に向けてどのような内容を盛り込み、どのような学習を展開していくのか。学習指導要領は国レベルのカリマネのPに相当すると考える。どのようなPを創り上げていくのかによって、県レベル、学校レベル、最終的には学級レベルのカリマネが影響を受けていくのである。学習指導要領の趣旨を十分に理解した上で、「学校カリマネ」等を構想・実現していくことが重要である。

（注）　村川雅弘・吉冨芳正・田村知子・泰山裕編著『カリキュラム・マネジメント実現
　　　への戦略と実践』ぎょうせい、2020年。

【402】

子どもと創る学級のカリキュラム・マネジメント

　横浜市立北綱島小学校に5年ほどかかわったが、筆者のなかでは**安全防災教育のカリマネのモデル校である**[1]。しかし、ここで紹介するのは安全防災教育のことではなく「学級のカリマネ」である。

　研究授業で参観した3年の学級で子どもがとても育っていた。40人近い児童一人ひとりが学びに向かい、積極的に発言し、聴いている時は頷きながら「すごい」「一緒だ」などの適度な返しがある。班での話し合いも活発であった。授業者は3年目である。筆者の職業病の一つ「何か秘密があるはずだ」と教室全体を見渡した。

　そうすると、一つの掲示物が目に留まった。**写真1**である。教室の背面の壁の左上部に貼られていた。

　その後の講演等では「これも**カリマネのPDCAのPで**す。学級のカリマネのPを教師と子どもとで創り上げている」と紹介する。小・中学校では年度始めに、子ども一

写真1

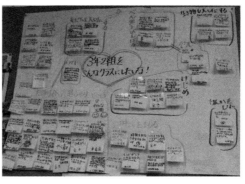

人ひとりが学級目標を考え、班で整理し、最終的に学級全体で「輪！」「仲間」「チャレンジ！」「絆」などのスローガンにして教室に掲げ、その周りに全員の似顔絵などを配したりすることが多い。これまでも多くの教室で素敵な言葉やイラストを目にしてきた。しかし、この学級のように一人ひとりが書いた言葉をそのまま残しておくのもいい。

　例えば、この掲示物には「助け合い・思いやり・やさしさ」（紙幅の関係で漢字表記）には、「いつも笑顔で頑張る…」「友だちを大切にする…」「レインボーのように明るい…」など、「時刻を守るクラス」では、「いつも5分前行動の…」「掃除が時間に終わる…」など、「けじめ」では、「メリハリがつけれる…」「け（じめ）や（くそく）き（まり）ができる…」など、目指すクラスづくりのための行動目標が具体的に書かれている。

　このような目標を立てていても時折、子ども同士のもめ事や授業の乱れは

起きるものだ。その時、教師がこの前に立ち「最近のみんなはどうかな？」と言うだけで、子どもたちはハッと気付き、修正しようとするだろう。これはPDCAのCAに相当する。「学級のカリマネ」のPDCAサイクルを教師と子どもとで回し続けている。

　この掲示物の作成から8ヵ月近くを経た12月でも書かれてある一言一言が鮮明である。この若い教員は初任の時から、筆者のワークショップ研修を経験している。筆者が常々言ってきた「サインペンで書く」「具体的な文章で書く」「書きたい内容を文字の大きさを考えて付せんいっぱいに書く」などのワークショップの基礎・基本[2]が身に沁みついていると考えられる。この掲示物は望ましい付せんの書き方・整理の仕方のモデルでもある。

　2年後に当校を訪問した。昼休みに「あの若い先生の教室はどこですか」と学校長に尋ねた。「1年の担任をしています。たぶん清掃指導で不在です」と教えていただいた。「1年生が相手だとさすがに2年前のようなことはできないだろう。どうしているのかな」と思い、確かめるために「教室を見せていただいていいですか」と学校長に断って教室に向かった。

　教室の入り口に3名の児童が遊んでいた。目が合うなり筆者の袖を引っ張って、教室の中の運動場側の窓際（前面黒板側）に連れて行った。そして、自慢げに写真2・3を指さした。「みんなで考えた。勉強が楽しい」と嬉しそうに話してくれた。そこには、話し方・聴き方に関する望ましい言葉が掲示されていた。教師が目標とする学び方が定着しはじめた頃に子どもと確認し合い、その「見える化」「共有化」を図ったと考えられる。「素晴らしい！」としか言いようがない。「子どもと創り上げていく学級のカリマネ」の典型である。

　さらに教室の中を回ってみると、子どもたちの作品の後ろから「がっきゅ

写真2

写真3

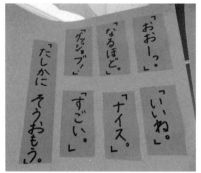

うもくひょうがきまりました！」（**写真4**）も見つかった。1学期のある時期に子どもと一緒に創った形跡も見つかった。「なかよし　すまいるな　くらすにするためには『ぜんいんともだち』『きょうりょく』『てだすけ』『がんばり』4つのパワーでせいかつしよう」と書かれてあった。**発達段階に応じた「学級のカリマネ」を実現している。**

写真4

尾道市立因北中学校も総合的な学習の時間を核にした学校改革に4年ほどかかわった[(3)]。当時、各教室の前の黒板の右には「自分たちで創るクラス　自分たちで創る未来～ひとり一人が輝く学級をめざして～〇年〇組の未来予想図」（**写真5**）が掲示されていた。

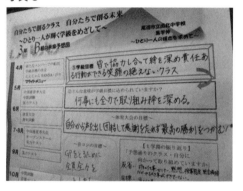

写真5

　例えば、このクラスの目標は「皆で協力し合って絆を深め責任ある行動ができる笑顔の絶えないクラス」である。「学級のカリマネ」の目標と言えよう。その実現のために日々の授業だけでなく、体育大会や音楽コンクールなどの学校行事についても具体的な目標を設定している。1学期及び2学期の終わりに振り返りを行う。**「学級のカリマネ」のPDCAサイクルを生徒主体で廻している。**

　学校全体でこのようなシステムを構築することで各学級のカリマネに対して他の教員が協力できる。例えば、教科担任が教室に入ってくるとこの掲示物が自ずと目に入る。例えば、この写真のクラスは1学期の振り返りによって設定した目標の一つとして「受験生という自覚を持ち、日々の授業を大切にする」を掲げている。授業のなかで集中力に欠けている状況が見られた場合に、この点の確認を行うことができる。

静岡県立静岡西高等学校では、**新入生に対する初期指導を工夫した**[(4)]。校長や教員からの訓話や説明が中心だったが、生徒主体の活動を組み入れた。まず、初日のLHRの時間を使って、「**仲間づくりのエンカウンター**」を行った。4人グループで新聞紙を用いできるだけ高い塔を作るという単純な活動であるが、多くの中学校から入学し初めて出会った生徒たちはささやかながらも競争心を煽られ一気に人間関係を構築することができた。

　その後、学級ごとに「**クラス目標づくり**」を行った。生徒一人ひとりが付せんに目標を書き、4人グループで整理し、クラス全体で一本化した。「高めあい、夢に向かって挑戦する～凡事徹底 文武両道～」「自律・信頼・成長・向上」といった目標が掲げられた。

　その日のアンケート（235名）より、例えば、「今日の活動は楽しかった」に対する肯定的回答（「そう思う」及び「まあそう思う」）は98.3％、「仲間の意見を聞くことができましたか」に対する肯定的回答は95.7％であった。学年で歩調を合わせて**学級開き**を行うことは極めて有効である。

　この**高等学校のスタートカリキュラム**を開発した滝浪貴史教諭（静岡県立清流館高等学校）はコロナ禍において、より不安が高い2020年度入学生に対して実施し効果を上げている[(5)]。

　今次改訂では、資質・能力の育成を目指している。学校や教師が与えたものよりも子ども自身が考えた方が自覚され、定着も期待できる。一人ひとりがどんな力を付けたいのか、どう成長したいのかを明確にし、その達成のためにどんな授業を学級で作っていくのか。子どもと共に作り動かす「学級のカリマネ」を目指したい。

(1)　昆しのぶ「地域や保護者と連携した安全防災教育で実践する主体的・対話的で深い学び」村川雅弘編集『学力向上・授業改善・学校改革　カリマネ100の処方』教育開発研究所、pp.150-157、2018年。
(2)　村川雅弘『ワークショップ型教員研修　はじめの一歩』教育開発研究所、2016年。
(3)　濱本かよみ「『みんなで創る。やりながら考える』組織文化の確立」、前掲書（1）、pp.173-180。
(4)　村川雅弘「高等学校のスタートカリキュラムとアクティブ・ラーニング」『新教育課程ライブラリⅡ』ぎょうせい、2017年6月号。
(5)　滝浪貴史「安心感を生む学校づくり～高等学校のスタートカリキュラムの構築～」村川雅弘編著『withコロナ時代の新しい学校づくり　危機から学びを生み出す現場の知恵』ぎょうせい、pp.88-95、2020年。

【403】

目指す資質・能力の育成のための手立ての共有化

　鎌倉女子大学初等部の校内研修に2017年度からかかわっている。同大学の高橋正尚教授の依頼である。高橋氏は大学進学実績で躍進を遂げた横浜市立南高等学校附属中学校の元校長である。前任校の取り組みや実績は書籍等で紹介されている^(注)。

　高橋氏より「私学の附属校は自前で研修を組まないといけない。本校には授業研究があまり根付いていない。**校内研修の活性化**を手伝ってもらえないか」との依頼を受けた。当然のことながらワークショップを取り入れた。ともすればその日の研究授業に特化した協議が中心になるところを、学校が目指す授業づくりの共通理解や方向付けの場になるように色々と仕掛けを行った。

写真1

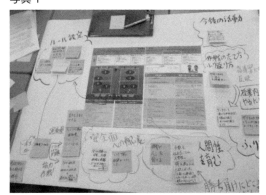

　例えば、2019年2月の山田陽平教諭の1年体育の授業研究の際には、山田教諭自身が「**育成を目指す資質・能力の3つの柱**」と「**主体的・対話的で深い学び**」を意識して授業を計画・実施していたので、1チームは**写真1**のように、指導案を元に授業分析を行ったが、残りの4チームは**写真2**に示す**マトリクスシート**を活用した。タテ軸は「主体的な学び」「対話的な学び」「深い学び」とし、横軸を「生きて働く知識・技能」「思考力・判断力・表現力」「学びに向かう力」とした。1チームは

写真2

本時の授業において見られた子どもの姿を記述・整理し、3チームは共通の研究教科である算数について低・中・高学年に分かれて同様の記述・整理を行った。「教員一人ひとりは力量が高く、授業を色々と工夫されているが、学校全体としての体系化や共有化が十分ではない」という印象が強かったので、2018年度の3回目の研修では、山田先生の授業の検討や改善にとどまらず、次年度を見据えた研修を提案し、実行した。

　2019年度は4回の**授業研究**を依頼された。授業研究の前提は学校研究である。学校長の下、「チーム学校」として、さらなる学力向上、授業改善に向けて進めていくためには、4月の研修は極めて重要である。実施日に向けて、附属小と研修内容や準備物に関してメールのやりとりを行うと共に、当日は研修開始時3時間前に赴き、新しい研究主任と学校の**現状やニーズ**を確認しながら研修計画を立案した。**資料1**

　研修の内容と展開は**資料1**に示す通りである。まず、筆者がこの日の研修の目的を伝えた。端的に言えば「**本校のウリの『見える化』**」である。私学では極めて重要な視点である。

　そして、**資料2**を示し、本研修が**カリキュラム・マネジメント**の要であることを語った。

> 1．本研修の目的と展開（村川）20分
> 2．本研修の方法・チーム編成（山田）10分
> 3．ワークショップ　50分
> 　①建学の精神を踏まえた「育てたい姿」と
> 　　「手だて」　3名×3＝9名
> 　②言語活動の充実　8名→4名×2
> 　③学習規律の実態と改善策　7名
> 　休憩（10分）
> 4．発表による共有化　20分
> 5．コメント（村川）　10分

「資質・能力の育成のために『主体的・対話的で深い学び』による授業改善と家庭や地域との連携（社会に開かれた教育課程）が求められ、その実現に向けて組織的に取り組むのがカリキュラム・マネジメントであり、その鍵を握るのが校内研修である。**授業研究は学校が目指す授業が適切に進められているかを組織的・計画的に確認し合うことである**」といったことを述べた。

　7月の授業研究会までに行いたい研修は**資料3**に示す通りである。この内の①～③をこの日の研修で実施し、④～⑥は今後進めていくこととした。

　テーマ①に関しては、本初等部の建学の精神「感謝と奉仕に生きる人づくり」に基づく三つのちかい「感謝と奉仕の心」「ぞうきんと辞書を持つ心」「『人』『物』『時』を大切に」を踏まえて、**目指す子どもの姿とそのための教師の手立てを具体化・共有化する**ワークショップを行った。例えば、「ぞうきんと辞書を持つ心」は「自分に厳しい心をもって、学習や仕事をこつこつ

資料２

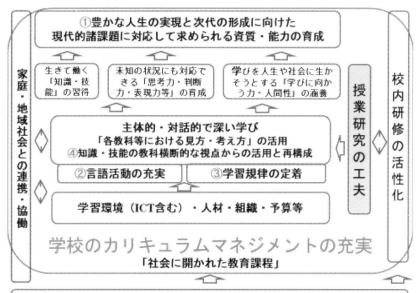

と行います」「分からない事は、どしどし調べ、自分から積極的に教えていただこうとする態度を身につけます」と具体的な行動目標として記述され、児童及び保護者に示されている。新学習指導要領の考えに基づき学校が目指す資質・能力として新規に作成すると

資料３

研修の全体像

今後の授業研究の前提となる学校研究についての具体化・共有化の研修

① 卒業までに育てたい**資質・能力**の具体化・共有化
→「建学の精神」を踏まえその具体像を探る
②「主体的・対話的で深い学び」の実現のための学習の基盤である**言語活動**の体系化
③「主体的・対話的で深い学び」の実現のための学習の基盤である**学習規律**の体系化

④ **教科横断**的な視点での各教科等の学習内容の関連付けと教材開発の進め方についての手だての整理（後日）
⑤「**学習評価**」の観点や方法の整理（後日）
⑥ 学校の**グランドデザイン**の見直し・検討（後日）

ダブルスタンダードとなり、児童や保護者のみならず教員自身も迷いが生じる。これまで大切にしてきたちかいを改めて確認し、その**定着化を図るための手立ての具体化・共有化**を図る研修を組んだ。ちかいごとに低・中・高の教員が入るようにチーム編成を行った。

どのチームからも、日々の子どもたちの様子を思い浮かべながら語り合う様子が見られた。**写真4**は「『人』『物』『時』を大切に」チームの成果物である。「人」は緑色、「物」は黄色、「時」は桃色と付せんを使い分け、姿と手立てを対応させてあり大変分かりやすい。例えば、中学年の記述を見ると、「人」に関しては「相手の気持ちを受け入れることができる」（姿）→「相手の気持ちをイメージする（一緒に）」（手立て）、「物」に関しては「次に使う人の事を考えることができる（手立て）、「時」に関しては「1日の流れのなかで優先順位を判断することができる」「見通しを持って行動する」（姿）→「1日の予定を伝え、考えさせる」（手立て）と書かれてある。実に具体的であり、共有化することでさらなる定着が見込まれる。「ぞうきんと辞書を持つ心」チームからユニークなアイデアが出てきた。「3年生を低学年の

写真4

写真5

リーダーとして意識づける」である。確かに6年生は学校のリーダーであるが、中だるみを起こしそうな3年生を1・2年生のリーダーとしてモデルとなるような行動をとるように仕向けることはとても有効である。

テーマ②に関しては、「**言語活動の充実**」に向けた「思考力・判断力・表

現力等を育むための学習活動の
分類」（303項参照）を示し確
認した。2チーム編成とした。
写真5は成果物の一つである。
どのチームも教科や行事、委員
会活動等の様々な場面において
言語活動をどう取り入れていく
のかを具体的に検討した。

写真6

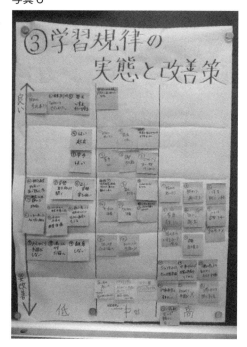

　言語活動は各教科等における
共通の学習の基盤であるが、こ
れらが発揮されるためには学習
規律の定着が重要となる。そこ
で、六つ目のチームは**「学習規
律の実態と改善策」**（**写真6**）
のワークショップを行った。同
初等部には「学習中のマナー」
があり、児童に示されている。
休み時間に関しては4項目、学
習時間については12項目（「姿勢を正して、話をする人に目を向けてしっか
り聞きます」「プリントやノートのまとめをするときは、正しい姿勢で字を
ていねいに書きます」「消しゴムのカスは床に落とさないで、授業が終わっ
たらまとめてゴミ箱に捨てます」など）である。今回は後者を対象とした。

　ワークシートは、タテ軸は上が「良い」、下が「要改善」、横軸を低・中・
高とし、メンバー各自が学習時間についての12項目の文言を書き、該当す
ると思われる箇所に貼っていった。**写真6**からも読み取れるように、高学
年に行くほど定着度は弱いことが明らかになった。最後に、全チームが発表
を行い、共有化を図った。

（注）　高橋正尚『学校改革請負人　横浜市立南高附属中が「公立の星」になった理由』
　　　（中公新書ラクレ、2017年）。高橋正尚・小藤俊樹『成功事例に学ぶ　カリキュラム・
　　　マネジメントの進め方』（教育開発研究所、2019年）。高橋正尚「管理職による中学校
　　　のカリマネ12の処方」村川雅弘編集『学力向上・授業改善・学校改革　カリマネ100
　　　の処方』（教育開発研究所、pp.67-84、2018年）ほか。

【404】

大岱小のDNAを引き継いだ西新宿小学校に学ぶ

　これまで30年近くにわたる学校現場とのかかわりのなかで数多くの素晴らしい学校と出会い、その後の学校指導のモデルとなった実践は少なくない。

　授業改善とカリキュラム・マネジメントのモデル校は東村山市立大岱小学校である。出会って10年以上になるがその取り組みは色あせていない。無名の公立小学校が書籍を発刊すること自体あり得ないことだが、大岱小の取り組みを遍く記した書は今でも読み継がれ11版を重ねている(注)。筆者がこの10年ほどかかわった小・中学校で大岱システムを部分的に取り入れ大きな効果を挙げた学校は少なくない。

　学校として、大岱小のDNAを直接引き継いだのは新宿区立西新宿小学校である。都庁のお膝元にある。大岱小で西留校長を支えた清水仁副校長（現新宿区立落合第三小学校長）が2014年に校長として赴任した。大岱小の元池田守研究主任（現新宿区教育委員会指導主事）がその翌年に異動してきたことも大きい。

　清水校長は、大岱小の実績に裏打ちされた自信を持ってリーダーシップを発揮してこられた。「経営方針を分かりやすく、熱く語る。それを隅々まで周知する」「取り組みの先頭に立ち、常に明るく、全力で愛する」「困難な時ほど、前向きに考える」「常に課題意識をもち、アンテナを高く張る」「情操教育に力を入れる」など具体的である。「子どもたちが夢と希望を抱く学校」「カリマネによる教職員の創意・工夫・協働で、感動のある学校」「地域とともに歩み、地域の誇りとなる学校」を目指している。

　その実現のためのカリマネの核である**PDCAサイクル**の全体像が**資料1**である。○学校のカリマネ全体の年度末評価を12月・1月に実施し、2・3月に計画を策定する。○カリマネの核であるDの授業研究だけでなく行事等を含む諸活動の評価・改善をワークショップ形式で行い、短期的にPDCAサイクルを廻す。○行事等の担当者が**直後プラン**を作成する。○7・12月に児童及び保護者にアンケートを実施し、カリマネのCAに活かす。随所に、大岱小で培った手だてが施されている。

　教育活動の様々な面においてどれも手を抜くことなく具体的な手だてが尽くされている。まず、学習の基盤である「**声のものさし**」、話し方、聴き方、話し合い方について学校として共通なきまりが明示され徹底されている。2

資料1

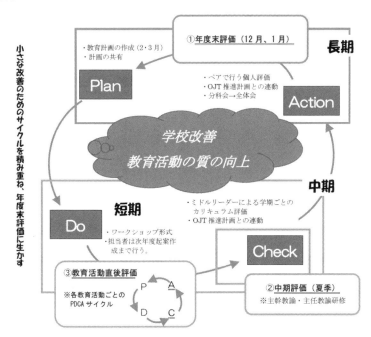

年生の教室では1年生に本を紹介する活動に関して、「1年生におすすめの本をしょうかいしよう」や「アドバイスがかりのやくわり」（**写真1**）、「**よい話合いとは**」「**話をつなぐ言ば**」が具体的に示されている。「話をつなぐ言ば」として「ほかにその本のいいところは」「それいいね。ぼく（わたし）のも～ところもいいんだよ」が示され、本の紹介の際に意識して活用することを推奨している。

　全ての教室の廊下側の壁面や柱には全員の「音楽会観賞シート」が貼られている。他学年及び自分たちに対するコメントがぎっしりと書かれている。例えば、**写真2**は3年教室の前にあったものである。他学年への温かい賛美の言葉、自分たちの頑張りに対する達成感が綴られている。学校中に子ども

写真1

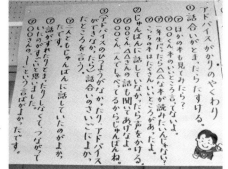

の絵画や立体作品が飾ってあり、学校全体が明るく楽しく感じられた。**環境設定も情操教育も大切にする**一端をかいま見ることができる。

健康教育にも力を入れている。「ほけんだより号外」には「おめでとう！西新宿小☆むし歯のない児童89.5％‼」の見出しで2015年4月の70.2％からの大躍進を報じている。「**保健給食キャラクター**」にはユーモアが遺憾なく発揮されている。例えば、手洗いを奨励する「手あライオン」（**写真3**）や新キャラの「はんシャチ王子」（**写真4**）、「せすじピーンマン」など、生きものや食べ物の名前を活かしている。

ランチルームのある廊下には日本地図と世界地図、そして国旗が貼ってある。給食の各献立がどこの都道府県や国や地域のものかを示している。**食育**においても教科横断的な視点を取り入れている。

次ページは、2019年度の卒業式の校長式辞である。清水校長よりいただいた。校長の思いとそれを実現した児童の変容を読み解くことができる。

（注）村川雅弘・田村知子・東村山市立大岱小学校編著『学びを起こす　授業改革』ぎょうせい、2011年。

写真2

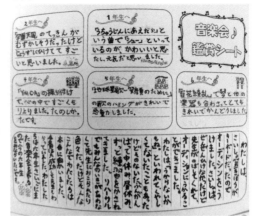

写真3

写真4

【405】

《寄稿》令和元年度卒業式校長式辞

　みなさん、ご卒業おめでとうございます。

　保護者の皆様、お子様のご卒業を教職員一同お祝い申し上げます。

　さて、私が初めて校長として着任したのが、この西新宿小学校でした。そして、みなさんは、私が初めて校長になった時の1年生です。みなさんの6年間の小学校生活は、私の西新宿小学校校長としての6年間と重なるため、一生忘れることがないと思います。私は、5年前から西新宿小学校を子どもたちが毎日、通うのが楽しみに思う学校にしたいと願っていました。そのために、子どもたちが「こんなことがしたい」という思いが、かなう学校にしようと考えました。みなさんも感じていると思いますが、みなさんの6年間のあゆみは、自分の思いをかなえ、楽しい学校に変わっていく学校の変化とつながっていました。みなさんは、思いを実現するために常に新たなことに挑戦し、全員でアイディアを出しながら力を合わせ、見事にやり遂げてきました。その中でも一番私の心に残っているのは、4年生の総合的な学習の時間「私たちの I'm possible」です。

　東京2020オリンピック・パラリンピックに向けた総合的な学習の時間「わたしたちの I'm possible」は、新宿養護学校とのボッチャ交流や、ゴールボール体験などを通してもった「パラリンピックをもっと広めたい」という熱い思いから生まれました。その学びは、日本体育大学のホームページで、パラリンピック教育のモデルとして紹介されるほどの素晴らしいものでした。また、みなさんの熱い思いは、PTAの小川会長をはじめ、多くの大人の心を動かしました。「夏に行われる大会だから、うちわを作って配ろう」「絵は、西新宿のまちの自慢にして、メッセージは、日本語と英語にしよう」このうちわプロジェクトは、2年後の今年、卒業の年に実現しました。この経験からみなさんは、「夢はかなう」ということを実感したと思います。

　このように、みなさんが行った挑戦は、みなさん一人ひとりを成長させるとともに、学級全体の力も高めていきました。さらに、周りの大人の心を動かし、西新宿小学校を変えていったのです。

　「とりあえずやってみる」。

　この言葉をみなさんは、きっと覚えていることでしょう。4年生の総合的な学習の時間「わたしたちの I'm possible」の授業で、ゲストティーチャーとしていらっしゃった堀江航さんの言葉です。堀江さんは、交通事故で片足を切断し、選手としてサッカーができなくなっても、「せっかくだから何か他のことをやろう」と考え、車いすバスケットボールやパラアイスホッケーに挑戦し、パラアイスホッケーでは日本代表として平昌パラリンピックにも出場した方です。授業のなかで、「一番大切なことは何ですか」という質問に対し、堀江さんがおっしゃったのが、「とりあえずやってみる」でした。「どうしようと、くよく

よしても仕方がないから、とりあえずやってみる。やってみてから考えればいい」という前向きな生き方は、みなさんの心に響き、その後の活動へのエネルギーとなりました。

　今、世界中が新型コロナウイルス対策に揺れています。卒業をあと1ヵ月後に控え、学校は臨時休業になってしまいました。私は、校長として、未だかつてない事態のなか、やるせないみなさんの気持ちを想像し、胸が締め付けられるような思いで一杯でした。そんな思いでいた時に、校長室に私に会いに来た人がいました。

「このようなことになったのは、仕方がないと思います。しかし、私たちはこれからみんなで卒業に向けて力を合わせていこうと思っていました。だから、ぜひ、卒業式を行ってください。これは、私たち6年生全員の思いです」。

　私は、感動しました。しっかりと私を見て、自分の思いを精一杯伝えようとする姿、そして、6年生全員のことを思う姿に感激しました。この6年間の学校生活で、みなさんは、自分で考え、判断したことをきちんと伝えること。さらに、それを行う勇気と実行力を身に付けたのです。みなさんの成長を感じ、校長として嬉しい思いで一杯になりました。

　これからも、このような困難な出来事がみなさんの前に現れると思います。そのような時にも決して慌てず、冷静に考え、判断して、正しい行動ができるようにしてください。また、決して一人で悩まず、友達や家族、学校の先生などに相談し、知恵と力を合わせて困難を乗り越えてください。これからのみなさんの活躍を期待しています。

　結びになりますが、これまで無私の愛で子どもたちを支えるとともに、本校の教育にご協力いただきました保護者のみなさま、本当に有難うございました。また、本日はご参会をご遠慮していただきましたが、いつも子どもたちのためにご尽力いただきましたPTA役員の方々、地域の方々の一方ならぬご厚情に校長として感謝申し上げます。本当に有難うございました。

　これをもちまして校長式辞といたします。

令和2年3月25日

　　　　　　　　　　　　　　新宿区立西新宿小学校長　清水　仁

【406】

《寄稿》企業のキャッチコピーに学ぶ教育目標の設定

　テレビをぼーっと見ているはずなのに、時折右脳が反応する。番組の間に流れてくるスポンサー企業のCMが流れた時である。「あなたとコンビに　ファミリーマート」や「お値段以上　ニトリ」「ココロも満タンに　コスモ石油」はおなじみのCMである。「あなたとコンビに」は、「コンビニ」をもじったコピーである。それだけでなく「一人ひとりのニーズに合わせられるようなコンビニになれるように企業努力していますよ」というメッセージが見て取れる。「お値段以上」からは、商品価格に見合う以上の品質を売りにしていることが分かる。「ココロも満タンに」は、「ガソリンを満タンにするだけではなく、真心をこめたサービスを提供しますよ」という姿勢が感じられる。わずか数文字のなかに、企業の姿勢がしっかりとわかる。

　「24時間戦えますか」は、第一三共ヘルスケアの栄養ドリンク「リゲイン」のキャッチコピーである。1988年、バブルの時代に、時任三郎がスーパーマンとなって現れるインパクトのあるCMである。「ビジネスマンが24時間戦うために、この1本を」と言わんばかりのコピーである。「♪黄色と黒は勇気のしるし♪」で始まるCMソングは大ヒットし、「24時間戦えますか」は1989年の流行語大賞「銅賞」を受賞している。ところが、「働き方改革」が謳われる今となっては、このキャッチコピーはNGかもしれない（笑）。実際、その後、「全力で行く。リゲインで行く？」「くやしいけれど、仕事が好き」「その疲れに、リゲインを」「たまった疲れに」「ポジティブリゲイン」「疲れに効く理由（わけ）がある」「飲むところ敵なし」「攻めの1本」「24時間戦うのはしんどい」そして、現在は「肉体疲労時の栄養補給、滋養強壮に」と、変化している。

　企業のキャッチコピーは、企業としての一貫した姿勢を表しており、いわば「**不易**」であるのに対して、商品のキャッチコピーについては、世相や消費者のニーズに合わせており、「**流行**」の側面をもつ。ただし、面白いことに、それは、企業としての一貫した姿勢に相反するものではなく、その時代、その時には、ピッタリと当てはまっているのだ。

　さて、**企業のビジョン**は、利潤を追求するための目標や方向性、指針を企業内で共有し、同じ方向性で働くことができるようにするための視点や姿勢である。そして、企業のキャッチコピーは、ビジョンをより分かりやすく、親しみやすく示したものである。企業内で共有するためのビジョンをキャッチコピーとしてその企業で働く人々に示す。しかし、それだけに留まらず、メディアを通して私たち消費者にも知らせるのは、やはり利潤につなげるためである。企業の良さを短い言葉としてアピールし、私たちのイマジネーションを膨らませ、実際の商品購入等につなげる。企業は、この数文字に、企業としての視点や姿勢を投入する。

　一方、**企業のミッション**は、働く人々がビジョンを基に開発した商品等に当たる。商品

購入に繋げるために、その時代、その時のお客様に、親しみやすく、満足感を与えるキャッチコピーを考える。商品や商品のキャッチコピー（ミッション）は、企業のビジョンを具現したものである。

　小林製薬のキャッチコピー（ビジョン）は、「あったらいいなをカタチにする」である。商品や商品のキャッチコピー（ミッション）は、例えば内臓脂肪を抑える「ナイシトール」、喉の痛みを軽減する「のどぬーる」、活性する腸のガスを止める「ガスぴたん」、指のササ剥けに作用する「さかむケア」などが挙げられる。面白いことに、小林製薬の商品は、キャッチコピーが商品名になっている。また、確かに、これらの商品のCMが流れると、「大きな声では言えないけれど、あったらいいな」と思える。「あったらいいなをカタチにする」に改めて納得といったところである。

　では、学校の最終的な利潤とは何か。やはり、「子どもたちに成果を与えること」であろう。そして、そのためのビジョンが、**学校運営（経営）目標**となる。たいてい、学校運営目標は、学校経営案の最初のページに位置する。この学校運営（経営）目標というビジョンを基に、私たち教職員は、いろいろな視点でそれぞれが分掌経営や学級経営を行う。つまりミッションを遂行する。

　学級経営では、どうだろう。

　「23人のありんこたち」。これは、筆者が新任の時の3年2組の級訓である。学級のキャッチコピーと言える。「一人ひとりの力は小さいけれど、力を合わせればなんだってできる」という子どもたちの提案により、決定していった。私は、子どもたちからの提案で、**学級経営方針（ビジョン）**を決めていた。

　その後、子どもたちのアイデアにより、「ありんこ元気くん」というキャラクターを作り、子どもたちの手でシンボル化した。音楽の「節づくり」の授業のなかで、「元気君と3年2組」という学級歌も作った。そして、それを学級会や行事の前に歌って士気を高めるようにした。子どもたちは、協力することを大切にして、仲良く生活した。毎日「詩づくり」を行っていたので、「詩集」のタイトルにも用いた。

　2年目の6年2組の級訓は、「無限樹（むげんじゅ）」である。「ぼくたち、私たちは無限にのびる樹である」との提案から生まれた。この子たちは、3年生のときに「寿限無（じゅげむ）」を学習発表会で披露しているため、全員が唱えられる。それを基にした級訓である。響く音もいいし、センスがある。子どもたちの活動はそれこそ無限で、社会科の授業にハトロン紙をつなげて作った実物大の「大仏」を六つに裁断し、畳んで6班が一つずつ修学旅行に持って行った。そして、奈良の東大寺の前で、観光客がいなくなった瞬間に広げて、記念撮影をした。迷惑にならないように、瞬間で撮影するための練習も体育館で行った。今では、こんな奇抜なことは受け入れられないだろう。しかし、子どもたちのミッションを許可した。筆者（八釼）の若かりし日の学級経営のなかのワンシーンである。その時代、その時である。

　　　　　　　　　　　　　　　　（愛知県知多市立旭東小学校教頭：八釼明美）

128

【407】

「深い学び」づくりの基盤となる教科等のカリキュラム・マネジメント

2019年5月24日、鹿児島市立田上小学校を訪問した。創立143年、鹿児島大学教育学部代用附属校になって105年の伝統校である。新学習指導要領を先取りした研究を展開している。研究テーマは「共に学び未来を創るⅢ～「深い学び」の実現に向けた授業改善～」である。

写真1

令和元年初めての公開研究会である。5月のこの時期に全学級を公開するのは容易なことではない。特に2019年度は10連休があり、正味6週間しかない。異動してきた教諭4名も授業公開を行った。この時期になぜ全学級公開が可能なのか。**学校のカリキュラム・マネジメント**（以降、「カリマネ」と略す）を踏まえての**学級のカリマネ**と**教科等のカリマネ**が根付いているからである。子どもは4月から育てるのではない。子どもたちの学びは前年度からの積み上げである。改めて気付かされた。

資料1

「深い学び」に関する記述（解説総則編）	本校で捉えている子供の姿
知識を相互に関連付けてより深く理解する。	○ 既習事項や獲得した知識及び技能を活用して、課題を解決する姿 ○ 既習事項や獲得した知識及び技能を活用して、相手に伝える姿
情報を精査して考えを形成する。	○ 自分と他者の考えを比較して、自分の考えを再構築する姿 ○ 必要な情報を選択して、自分の考えを形成（変化・付加・強固にし、再構築）する姿
問題を見いだして解決策を考える。	○ 問題を見いだし、納得を求めて解決策を考えている姿 ○ 問題を見いだし、様々な方法を用いて解決しようとする姿
思いや考えを基に創造する。	○ 学びを振り返り、自分の学びや思考を自覚する姿 ○ 学びを振り返り、思いや願いをもつ姿 ○ よりよい自分にしていく姿 ○ 学習前にもっている概念を変化・付加・強固にし、学びに価値を見いだす姿

グランドデザインを教職員が共通理解し、ぶれることなく実践を行っている。また、各教室には「**あさひ子五つの約束**」（**写真1**）が掲示されている。

学校が目指す姿が子どもにも理解できる言葉で示されている。

　今次改訂では「**主体的・対話的で深い学び**」の実現による授業改善が求められているが、最もイメージし難いのが「**深い学び**」である。田上小では総則編解説書を元に田上小としての「**深い学び**」を具体的に示している。**資料1**は学校全体で**教科等共通**の「**子どもの姿**」であるが、教科等ごとに子どもの姿が示されている。例えば、理科であれば「獲得した知識及び技能を使って、他の自然事物・現象について説明したり、新たに発見した問題を解決する際に活用したりして知識及び技能をより確かに理解する姿」「解決策の妥当性を問い、必要に応じて解決策を見直し変更したり、改善したりする姿」等の五つの姿が具体的に示されている。筆者は「**主体的・対話的で深い学びの子どもの姿とそのための手立ての具体化・共有化ワークショップ**」（本書302項）を奨励しているが、教科等のレベルにおける具体を田上小で見ることができた。なお、「**深い学び**」を実現するための手立てとして「**四つのつなぐ**」（「学習とつなぐ」「他者とつなぐ」「自分とつなぐ」「生活とつなぐ」）を提案している[1]。

　また、各教科等の「**見方・考え方**」も、中教審答申（2016年12月）では教科等ごとに示されたものの具体的なイメージを持ちにくい。田上小では**写真2**のように「**見方・考え方を働かすポイント**」を教科等ごとに示している。

　カリマネには学校のカリマネ以外に、学年や各教科等及び**学級のカリマネ**がある。学校のカリマネを踏まえて学年等のカリマネが計画・実施することを提唱しているが、田上小では学級

写真2

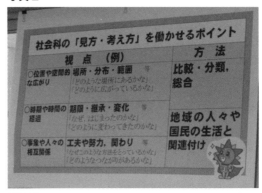

写真3

のカリマネの具体を見ることが
できる。

　各教室の前面黒板の上には
「学年訓」(**写真3**の「でき
る!」:2年)と「学級訓」(「あ
きらめない」:2年1組)が掲
げられている。そして、窓側の
壁には「**学級力コーナー**」があ
り、学級の実態や目指すことが
示されている。「にこにこいっ

写真4

写真5

ぱいだいさくせん」(**写真4**)は1年2組、「カメカメ大作戦」(**写真5**)は3
年1組のものである。学年によって表記が異なる。2年生以上はレーダーチ
ャートによる分析結果を踏まえて学習面や生活面の課題を設定し、その改善
に向け学級として取り組むことを明確化している。なお、1年生は2回目か
らレーダーチャートを使う。学級担任と子どもで「**学級のカリマネ**」の
PDCAサイクルを回している。レーダーチャートの項目は「目標をたてる」
「努力する」「話をつなげる」「新たな考えをつくる」「相手を受け入れる」

資料2

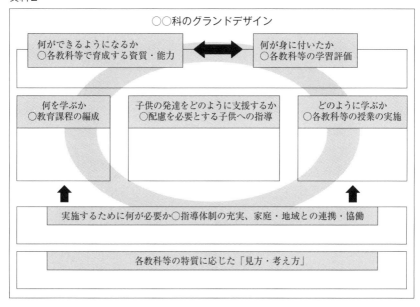

「助け合い、教え合う」「生活のきまりを守る」「学習の約束を守る」の八つである。

　この学級のカリマネと同様に充実しているのが「**各教科等のカリマネ**」である。小学校においてここまで完成度の高い事例は初めてである。

　資料２は学校のカリマネの PDCA サイクルの各教科等経営をより具体化し、**各教科等のグランドデザイン**を作成し、育成を目指す資質・能力と各教科等の「**見方・考え方**」との関連を示している。

　また、田上小は 23 学級中、特別支援学級が６級（37名）あるが、通常学級においてもかなりの数の**特別な配慮を必要とする児童への対応**を行っている。各教科等のグランドデザインには中央に「**子どもの発達をどのように支援するか　配慮を必要とする子供への指導**」の欄が設けられ具体的な手立てが書かれている。参観した特別支援学級の指導や教材、環境も素晴らしく、多様な子どもに対する一人ひとりのカリマネが充実していることが見てとれたが、学校全体で特別な配慮が必要な子どもへの支援が行き届いている。**特別支援教育のカリマネ**も注目される。

　各教科において**育成を目指す資質・能力**は子どもにも示されている。例えば、**写真６**は理科教室に掲示されているものである。「**比べる力**」「**関係づける力**」「**条件を考える力**」「**多面的に考える力**」を学年ごとに重点化を図り、具体的に説明している。３年理科「チョウを育てよう」ではモンシロチョウとアゲハの育ち方や体のつくりの<u>比較</u>を行

写真６

写真７

い、6年理科「動物の体のはたらき」では実験データとの関連付けも取り入れながら人や動物が生きていくための働きを多面的に考えさせようとしている。

写真8

　語彙や用語を知らなくては、自ら考えたり、考えを書いたり、伝えたり、話し合ったりは行いにくい。自信がなくても曖昧でも自己の考えを持ち表現することを奨励しているが、言葉を知っていることで思考がより円滑に働くことは言うまでもない。語彙や用語の習得の近道は活用である。活用により定着が進む。

　写真7はリアクションワードである。英語による対話には欠かせない。イングリッシュルームに掲示されている。知らないから自信がないから話せない。「あ！これかな」といった感覚でどんどん使って身に付けさせたい。

　写真8は理科教室である。棚や引き出しのどの箇所に何があるかが一覧できる。「すぐに借りて、すぐに返せる」システムである。「気温のはかり方」や「方位磁石の使い方」「アルコールランプの使い方」などが詳細に書かれてある。実験道具も「使ってなんぼ」である。有効な手立てである。家庭科室や図工室も同様の工夫がなされている。田上小は伝統的に学習環境整備を重視しており、昭和62年には「設営のしおり」を発行しており、それが綿々と息づいている。また、各教科等共通の話し方や聴き方、話型及び各教科等の学習技能などの学習基盤の定着に関しても30年以上にわたりそのノウハウをまとめ、随時刷新し、共有化している(2)。

(1)　若松直幸「「深い学び」を実現する子供の姿を目指して」『学校教育・実践ライブラリ』Vol.1、ぎょうせい、p.65、2019年。
(2)　田村学監修・鹿児島大学教育学部代用附属鹿児島市立田上小学校編著『考える力を育てる　学習のしつけ』小学館、2015年。

【408】

道徳教育を核としたカリキュラム・マネジメント

　2019年10月、石川県珠洲市立直小学校の「人と地域を生かした道徳教育講座」公開発表会に赴いた。特別支援学級を含む七つの**道徳授業**が行われた。6年の授業（小町成美教諭）を中心に参観した。

　まず導入で、「日本のよさ」について考えさせた。児童は伝統や歴史、珠洲焼や輪島塗、金箔など金沢での修学旅行の経験が生きている。次に、教材「新しい日本に〜龍馬の心」（東京書籍）を用い、列強から国を守るために奔走した龍馬の思いを捉えさせた。資料の前半は社会科「明治の新しい国づくり」で扱い、本時では後半を活用している。テンポよく児童の考えを引き出す。「このままでは日本は外国の言いなりになってしまう。誰も変えようとしないのなら自分が変えるしかない」「下級の武士でも行動が起こせる」「多くの仲間が死んでいった。ここであきらめたらいままでの努力が水の泡になってしまう。今度はだれも死なせたくない」など、短時間での扱いであったが、各々が自分の言葉で龍馬の思いを深く捉えていた。

　贅沢なことに龍馬が導入扱いである。「今日はゲストティーチャーとして坂本龍馬さんを呼べたらよかったんですが、それは無理だったので坂本龍馬さんのような人をお呼びしました」と紹介されたのは珠洲焼を営むＫ氏である（**写真1**）。かつて栄えていた珠洲焼が400年前に途絶えた。そして40年前に復活させたうちの一人がＫ氏である。

　Ｋ氏は語り始めた。**伝統と伝承**の違い。世に伝えるのは伝統、伝わったものをそのままやるのは伝統ではない。新しいいいことをプラスして伝えていくことが伝統。平安末期から鎌倉・室町時代にかけては庶民の日常器として使われていたが、40年前には作品として復活した。他の焼き物との違い。焼き物の製法。土と炎との関係。成分と色との関係。400年前に廃れた理由。**作品と商品の違い**（サンプルに触れさせて考え発表させる）など。子どもとやりとりしながら珠洲焼がさらに継続・発展していくための思いを述べた。

「Ｋさんを坂本龍馬のような方だと紹介しました。なぜ」との発問に、すぐに男児が

写真1

反応した。「珠洲焼の昔ながらの作り方を、新しい、今に合うように変えている」と。授業最後の発問は「日本のよさを守っていくにはどうしていったらいいだろうか」である。子どもたちはノートに書き始めた。龍馬とＫ氏からの学びのまとめを３人が発表した。一つ紹介する。「昔していたことも取り入れながら新しいものを入れて、また新しい伝統ができる」この児童には龍馬よりＫ氏の生き方が印象深かったようだ。

　授業後、子どもたちはＫ氏にお礼の手紙を書いた。その一つが**資料１**である。Ｋ氏の思いが的確に伝わっているだけでなく、塩田に関する前の学習とも関連付けている。別の児童は「〜略〜昔ながらの珠洲焼は、今の時代ではあつかいづらいものが多いので、今の時代にあうものを作るというのは納得しました。〜略〜」と書いている。

資料１

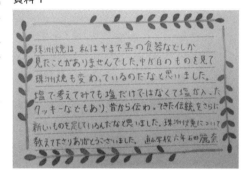

　当日の七つの授業の全てにおいて**他の教科等との関連**が図られていた。本時だけでなく、重点内容項目に関しては「**単元配列表（カリキュラムデザインシート）**」に年間を通しての各教科等との関連が示されている。また、母親（１年「いのちってすごい」）、高校３年生（３年「もくひょうに向かって」）、婦人会会長（４年「感謝する心」）、陶芸家（６年「日本人として」）、１年次担任教師（特別支援「親切の大切さ」）など、五つの教室において**校内外のゲストティーチャー**が活躍し、残りの授業でも多様な人とのかかわりの様子を提示している。指導にあたっては、どの学級も「**ペア・グループにおける展開の工夫**」「**発問の工夫**」「**展開の工夫―多様な考え方・感じ方に出会う場の設定**」を意識し計画・実施している。年間を通して各授業後に、児童の振り返りを見取って個々の成長を把握すると共に、授業評価を行って次時に生かしている。きめの細かいPDCAサイクルを回している。**日々の授業の見直し・改善が年間を通してのカリキュラムの見直し・改善に繋がっていくわけである。**

　学年を越えて一糸乱れぬ展開を可能にしているものの一つが**カリキュラムマネジメント・モデル図（資料２）**である。筑波の教職員支援センターで筆

資料２

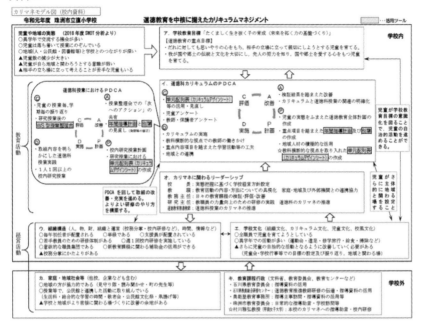

者の講義を聴いた小町教諭が、まずたたき台を作成した。それを公開研究会２ヵ月前の夏休み中の研修で「道徳カリマネモデル共有化ワークショップ」（写真2）を行い、教職員全員で見直し・改善を行って、共有化を図ったのが大きい。そのために完成度はかなり高い。

カリキュラムマネジメント・モデルの開発者である田村知子大阪教育大学教授

写真２

も好事例として紹介している(注)。直小の取り組みは、道徳教育のカリキュラム・マネジメントのモデルと言っても過言ではない。

（注）　田村知子「指導主事による学校のカリキュラム・マネジメント実現のための支援と助言」村川雅弘・吉冨芳正・田村知子・泰山裕『教育委員会・学校管理職のためのカリキュラム・マネジメント実現への戦略と実践』ぎょうせい、pp.53-63。2020 年。

【409】

新生「アストロズ」の経営戦略に学ぶ

　2019年はラグビーワールドカップで沸いた。流行語大賞は「ONE TEAM」に輝き、「ジャッカル」（タックルで倒れた選手からボールを奪う）も対象のTop10入りを果たした。各校の**カリキュラム・マネジメント**は校長をヘッドコーチとする教職員集団がまさに「ONE TEAM」となって実現していくものである。日本ラグビーチームの活躍から学校教育に活かせるものは数多い。

　開催前からワールドカップへの興味・関心を引き出したのは、大会直前に放映された「日曜劇場　ノーサイド・ゲーム」（TBS系列）である。筆者はドラマを2回視聴し、小説『ノーサイド・ゲーム』（池井戸潤、ダイヤモンド社、2019年）も2回読み込んだ。ドラマでは元日本代表主将の廣瀬俊朗をはじめラグビー経験者が大半を占め、練習や試合のシーンは迫力のあるものだった。ドラマだからできる近距離からの撮影映像を用いて、複雑な得点形式や「ラックとモールの違い」「ジャッカル」「オフロードパス」などを実に分かりやすく説明している。

　ドラマ・小説の主役であったトキワ自動車「アストロズ」の躍進を大阪教育大学の田村知子教授の**カリキュラムマネジメント・モデル**[注]で分析してみた（**資料**）。

　まず、二人のリーダーに触れる。元経営戦略室次長の君島隼人GM（ドラマでは大泉洋）と大学3連覇を果しながらも更迭された柴門琢磨監督（ドラマでは大谷亮平）である。信頼関係を築きチームの外と内を守っていく。両者が語る言葉はある時は闘争心を鼓舞し、ある時は冷静さを取り戻させる。アストロズは守備重視の堅実なチームであるが、お家芸だったパスワークや柔軟で華麗なバックス攻撃が影をひそめ、近年は社会人ラグビー最上位リーグで低迷している。二人は二つの**目標**を掲げる。「社会貢献、企業イメージの向上、日本のラグビー界への寄与」と「強みであるフィジカル面をさらに向上させ、個性を生かした戦略的なチームづくりを行い、2年で優勝争いができるチームにする」である。

　日々の練習試合を記録・分析し、問題を各選手に発信し、翌日の練習でその改善に図るというPDCAサイクルが回ると共に、試合中のグランド内においても状況を正確に観察・分析し、各自が考え、話し合い、ゲームプラン

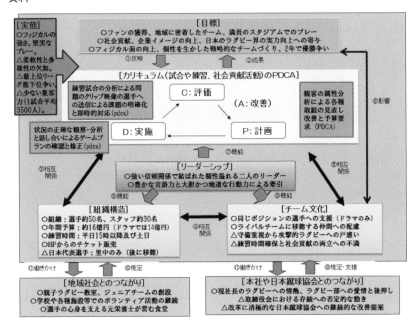

[実態]
○フィジカルの強さ、堅実なプレー。
△柔軟性と多様性の欠如。
△最上位リーグ最下位争い。
△少ない集客力(1試合平均3500人)。

[目標]
○ファンの獲得、地域に密着したチーム、満員のスタジアムでのプレー
○社会貢献、企業イメージの向上、日本のラグビー界の実力向上への寄与
○フィジカル面の向上、個性を生かした戦略的なチームづくり、2年で優勝争い

[カリキュラム(試合や練習、社会貢献活動)のPDCA]

練習試合の分析による問題のクリップ映像の選手への送信による課題の明確化と即時的対応(pdca)

状況の正確な観察・分析と話し合いによるゲームプランの確認と修正(pdca)

C：評価　(A：改善)　D：実施　P：計画

観客の属性分析による各種取組の見直し改善と予算要求(PDCA)

[リーダーシップ]
○強い信頼関係で結ばれた個性溢れる二人のリーダー
○豊かな言語力と大胆かつ地道な行動力による牽引

[組織構造]
○組織：選手約50名、スタッフ約30名
○年間予算：約16億円(ドラマでは14億円)
○練習時間：平日15時以降及び土日
○HPからのチケット販売
△日本代表選手：里中のみ(後に移籍)

[チーム文化]
○同じポジションの選手への支援(ドラマのみ)
○ライバルチームに移籍する仲間への配慮
△守備重視から攻撃的ラグビーへの戸惑い
△練習時間確保と社会貢献の両立への不満

[地域社会とのつながり]
○親子ラグビー教室、ジュニアチームの創設
○学校や各種施設等でのボランティア活動の継続
○選手の心身を支える元栄養士が営む食堂

[本社や日本蹴球協会とのつながり]
○現社長のラグビーへの情熱、ラグビー部への愛情と後押し
△取締役会における存続への否定的な動き
△改革に消極的な日本蹴球協会への継続的な改善提案

の確認と修正を行う。フィジカル面の向上には相撲部屋での特訓を行ったり、ドラマではタックルの練習にレスリングを取り入れるという大胆な策をとる。ジュニアチームのコーチやボランティア活動は社会貢献の目標達成だけでなく選手のメンタル面にも影響を及ぼしていく。これらが実を結び、入場者数やファンクラブの拡大につながる。ファンの大きな声援は選手一人ひとりを鼓舞し、チーム力を引き出し、勝利に貢献する。

　小説から生き方を学ぶことが多い。ビジネスの世界を扱うものは特にそうである。今回も君島と柴門から多くのことを学んだ。柴門は就任前に選手一人ひとりに手紙を出す。過去の試合映像から一人ひとりのよさや課題をきめ細かく分析し、メッセージを送る。就任後も選手一人ひとりを観察し、個の才能を生かした戦術に繋げる。不断の分析によりきめ細かくPDCAサイクルを廻し、選手起用にも生かす。学校においても素晴らしい校長は足しげく教室を訪れ、子どもや教員を熟知している。だから臆することなく学校改革に向け的確な判断が下せる。柴門の君島に対する「本気ってのは、相手に伝わるもんなんだよ。精神的な成長は、チームにとってもの凄い力になる。ス

キルやフィジカルをいくら鍛えても、それには及ばない」も示唆に富む言葉である。

　君島と柴門に学ぶ**カリキュラム・マネジメントのポイント**は以下の五つに整理される。

①明確かつ具体的な目標を共有化する

②組織のメンバー一人ひとりのよさや状況を理解し対応する

③きめの細かい PDCA サイクルを不断に回し続ける

④変えたいという本気が人を変え、組織を変え、成果をもたらす

⑤経営資源が同じでも経営戦略により結果は異なる

「学校を変えるんだ。授業を変えるんだ」という校長をはじめとする教職員の本気が学校改善の源である。予算や時間や人材等、学校の資源は変わらない。しかし、戦略によりそれらの資源が持つ価値は大きく変わり、異なる結果を生むこととなる。

（注）　田村知子・村川雅弘・吉冨芳正・西岡加名恵編著『カリキュラムマネジメント・ハンドブック』ぎょうせい、p.41、2016 年。

《寄稿》青山学院大学陸上部のマネジメントに学ぶ

　青山学院大学陸上競技部（以下、青学陸上部）は、箱根駅伝において2015年からの7年間で5度の総合優勝を果たす。華々しい経歴の無かった原晋監督が脱サラをして、2004年に就任する。そして、それまで箱根駅伝の出場経験が無かったチームを、就任6年目に初出場、7年目に8位入賞。12年目の2015年以降の活躍は周知の通りである。

　青学陸上部の活躍には、原監督のマネジメントが大きく作用していると考える。営業マンとしての経験を基に、「**人と組織**」を大事にした指導を継続して行っている[1]。

　これまで筆者(八釼)らは「**子ども一人ひとりの学びのカリマネ**」とそれを支える教師による「**単元・授業のカリマネ**」を提言してきた（本書203項）。原監督の「人と組織」づくりは「単元・授業のカリマネ」に符合する。部員一人ひとりを監督が管理するものではなく、一人ひとりが主体的に目標を達成させていくための仕組みを作るためのものである。原監督の豊かなマネジメントのなかで、部員は自らの**資質・能力**を大いに開花させている。

　ある学習会で、東京大学教授（当時）の秋田喜代美先生からこんな問答が出された。「よい教師とかけて盆栽と説く。その心は」「松（待つ）と菊（聞く）が大事です」。

　私たち教師は日常の授業のなかで、成果を性急に要求するがために、子どもたちが悩んだり考えたりする時間をとことん「待ったり」「聞いたり」することを省略しがちである。それに対して、原監督は、著書の中で次のように述べている[1]。

「待つ」に関連させて…

> 　私が考える理想のチームは、私が指示を出さなくても部員それぞれがやるべきことを考え、実行できる組織です。指示待ち集団ではなく、考える集団。そうなることが長期的に強さを継続できるチームになるという信念がありました。そこで、私は、できるだけ答えを出さずに彼らが考えるのを待つことにしました。〜略〜考える集団をつくるのは根気のいる仕事です。〜略〜指導者が忍耐強く待てるかどうかが、考える集団になれるかどうかの分岐点になります。〜略〜（pp.58-59）

「聞く」に関連させて…

> 　マネージャーが自分で考えて「今日は気温が37度あるので、いつもよりも時間を遅めにして午後4時半からスタートするのはどうでしょう？」と進言すると、「なにを生意気なことを言っているんだ」と怒る監督もいます。しかし、それではマネージャーはただの御用聞きになってしまい、考えることをしなくなります。私は提案に納得できれば「それでいいんじゃない」と答えます。〜略〜このような相談できる空気をつくるのも監督の仕事なのです。（p.56）

　「やるべきことを考えて実行できる部員」に育てることが、原監督のマネジメントの神髄と言える。考える集団になるために「待つ」、そして「聞く」。根気のいる仕事だ。時間も必要だろう。しかし、「**考える集団**」になってしまえば、後は早い。

　青学陸上部のトレーニング等の概要を「子どものカリマネ」モデル図に当てはめてみた。図1が「**部員のトレーニングマネジメント**」（以下、「部員のトレマネ」）のpdcaである。

「部員のトレマネ」の
pdcaは、著書から読み取れる原監督の考え方や取り組みを踏まえて「育成を目指す資質・能力」の3つの柱を基に筆者（八釼）が仮想したモデルである。なお、後述の「監督のトレマネ」のPDCAと区別するために、「部員のトレマネ」のpdcaは小文字表記とする。

図1

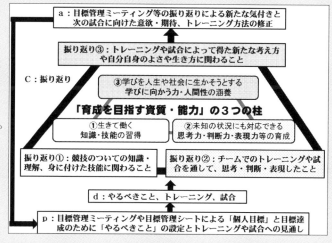

a：目標管理ミーティング等の振り返りによる新たな気付きと次の試合に向けた意欲・期待、トレーニング方法の修正

振り返り③：トレーニングや試合によって得た新たな考え方や自分自身のよさや生き方に関わること

C：振り返り

③学びを人生や社会に生かそうとする学びに向かう力・人間性の涵養

「育成を目指す資質・能力」の3つの柱

①生きて働く知識・技能の習得

②未知の状況にも対応できる思考力・判断力・表現力等の育成

振り返り①：競技のついての知識・理解、身に付けた技能に関わること

振り返り②：チームでのトレーニングや試合を通して、思考・判断・表現したこと

d：やるべきこと、トレーニング、試合

p：目標管理ミーティングや目標管理シートによる「個人目標」と目標達成のために「やるべきこと」の設定とトレーニングや試合への見通し

pでは、部員が「目標管理ミーティング」を行う。「チーム目標」だけでなく、その目標達成のための「個人目標」も設定する。個人の成長がチームの強化につながると考えている。そして、目標達成のための練習計画について話し合い、より達成可能な練習計画へと仕上げる。組織目標と個人目標を数字で示すとともに、その数字をクリアするためにやるべきトレーニング等を「目標管理シート」に書き出す。この「目標管理シート」を寮の廊下に貼り出し、共有することで達成へのモチベーションを高める。単元や授業において、学級としての学習課題を設定しつつ、子どもが自らの学習課題を設定することと似ている。

dでは、「目標管理シート」に書いた、目標達成のためにやるべきトレーニング等を計画に従って実行したり、試合に参加したりする。単元や授業の学習活動がそれに当たる。青学陸上部では、トレーニングにおいても、自分の考えを言葉で表現し、コミュニケーションを大事にする。まさに「主体的・対話的で深い学び」を日常的に行っている。

cでは、「目標管理ミーティング」や「学年ミーティング」等で練習や試合を振り返る。著書では、次のように書かれている[2]。

目標を立てたら、その目標を達成できたかどうかを必ずチェックする必要がある。立てた目標をうやむやに終わらせてしまっては元も子もない。目標が達成できたかどうかを評価して、できなかった理由を明らかにして反省し、次の目標を立てる。その繰り返しが力となるわけだ。(p.78)

青学陸上部では、ミーティングの回数が多く、意見交換やアイデアの提案が頻繁に行われている。何でも語り合い受け入れ合う土壌が育っている。

ミーティングにおける振り返りの内容は、「育成を目指す資質・能力」の3つの柱を基に三つに分類できると考える。

一つ目は「振り返り①：競技についての知識・理解、身に付けた技能に関わること」、

二つ目は「振り返り②：トレーニングや試合を通して、思考・判断・表現したこと」、三つ目は「振り返り③：トレーニングや試合によって得た新たな考え方や自分自身のよさや生き方」に関わることである。部員はこれらの振り返りを無意識的に行っていると想定できる。原監督自身が日常的に、振り返り①に関連して「育成システムを構築して指導に当たっている」、振り返り②に関連して「考えさせる指導を行っている」、振り返り③に関連して「自信を付けさせたり、人間性の涵養に関わる指導をしたりしている」からである。

「振り返り③」を自覚できたとき、「a：振り返りによる新たな気付きと次の練習や試合に向けた意欲・期待」が誘発され、次なるpへ連動するものと考える。

原監督は、著書でこう語っている[1]。

> スポーツの世界にかかわらずビジネスでも、最近は、メンタルを強くすることがパフォーマンスを高める大切な要素と言われています。私は、メンタル強化には自信を積み重ねることが近道だと考えています。緊張したり、萎縮してしまうのは、自信がないからです。この課題を克服するには、成功体験を積み重ねることです。「自分はできた」と思う機会が増えれば増えるほど、緊張することはなくなります。(pp.119-120)

「自分はできた」という自覚、すなわち自信が、次のトレーニングや試合につながると捉えている。単元や授業でも同じである。**子どもたちの自信は次の学習の原動力となる。**

「部員のトレマネ」は、部員だけで成立するものではない。原監督によるマネジメントが大きく関わっている。著書のなかで監督の関与について以下のように語っている[2]。

> 自主性というのは、自由で勝手気ままだということではまったくない。チームの哲学を踏まえて、チーム一丸となって目標に向かう中での主体性であり、青学というチームカラーと監督である私のコーチングのもとでの自主性である。(pp.57-58)

監督の育成マネのなかで部員一人ひとりが自己のトレマネを回している。

図2は、「部員のトレマネ」のpdcaを「監督の育成マネ」のPDCAのDに組み込んだものである。

陸上部は日頃から**地域貢献**をしている。地域も町の活性化のために陸上部を応援している。原監督は、大学を取り巻く周囲をいつも視野に入れるとともに、メンタルの育成をも含めた

図2

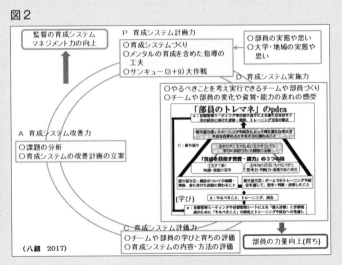

（八剱　2017）

指導を行っている。さらに、「規則正しい習慣」「目標を管理して計画的に総力をのばしていく手法」「大会に合わせて状態をピークに持って行く方法」等、大会で結果を出すための「育成システム」を構築している。原監督は「土壌が腐っていたら、いくらいい種でも芽がでない」と考えている。さらに「監督がこと細かに指示を与えるよりも、選手自身が考えることでマネジメント力がつく」と述べている。「**主体的に考える集団**」に育てるために、集団が成熟するに従い、少し離れた所から部員を見届ける。

　Cでは、日常や試合を通して、チームや部員の学びや育ちを具体的に評価するとともに、自らの育成システムの内容や方法を評価する。原監督は「過去はこうだったから…」という固定観念的な考え方はせず、現状を見極めながらトレーニングメニュー等を模索する。この時、部員から出てきた「チームを強くするアイデア」を採用することも視野に入れる。

　Aでは、日常や試合を通して、チームや部員一人ひとりの課題を分析し、次なる育成システムの構築を目指す。いいと思ったらやってみる。失敗したら元に戻す。

　このように、「監督の育成マネ」を周回することで監督自身の育成システムマネジメント力、すなわち指導力が更に向上すると考える。

　筆者（八釼）は、小学校の教員になってから、部活動の顧問をする傍ら、小学生の陸上競技教室を立ち上げ、長年監督兼コーチをしてきた経緯がある。今から思えば反省すべき経験が多々ある。立ち上げ後、自分自身が受けてきた指導方法をベースに技術指導を行ったところ、子どもたちはすぐに成果を挙げてくれた。立ち上げの１年目から、県大会の上位入賞者が続出した。しかし、急激な伸びは、その後長くは続かず、記録に伸び悩む子どもたちが出てきた。中学校でも陸上競技を続ける子どもたちは、多くはなかった。

　知識や技能を与えると子どもたちはそれを素直に吸収して、成果に結び付けてくれる。しかし、それが危ない。指導者から与えられた練習内容をこなしているだけでは、真の力量形成には至らないと今になって気付く。その練習がなぜ大事なのか、どんな成果に結び付くのかを子どもたちは考えることもない。指導者としても結果が出るのが面白くて、その指導方法はよい方法だと錯覚してしまう。指導者としての自分は、それ以上考えない。

　子どもたちの発達段階に合わせた指導、子どもたち自身が考え自分たちの力で乗り越えていけるような指導、子どもたちが夢中になれる指導、子どもたちの自主性を育てる指導、子どもたちに自信をもたせる指導をしなくては、真の力量形成にはならない。

　スポーツにおいても学習においても、「**子ども一人ひとりの学びのカリマネ**」を回し続けられるように、指導者は、**子どもたちのキャリア形成に寄与**したいものである。原監督から学ぶべき点は数え切れない。　　　　　　　　（愛知県知多市立旭東小学校教頭　八釼明美）

（1）　原晋『フツーの会社員だった僕が、青山学院大学を箱根駅伝優勝に導いた47の言葉』アスコム、2015年。
（2）　原晋『勝ち続ける理由』祥伝社、2017年。

◆5章◆総合的な学習の時間の充実と地域創生

【501】

「社会に開かれた教育課程」の実現と総合的な学習の時間

　次代を生き抜くと共に未来の創り手である子どもたちに求められる資質・能力を学校だけで育成することには限界がある。これまで以上に、**家庭や地域社会と共通理解を図った上での連携・協力**が不可欠である。

　中教審答申（2016年12月21日）では「教育課程を通じて、子供たちが変化の激しい社会を生きるために必要な資質・能力とは何かを明確にし、教科等を学ぶ本質的な意義を大切にしつつ、教科等横断的な視点も持って育成を目指していくこと、社会とのつながりを重視しながら学校の特色づくりを図っていくこと、現実の社会との関わりの中で子供たち一人一人の豊かな学びを実現していくこと」と社会に開かれた教育課程の実現を提言している。

　また、答申では「**社会に開かれた教育課程**」実現のための三つのポイントとして、「①社会や世界の状況を幅広く視野に入れ、よりよい学校教育を通じてよりよい社会を創るという目標を持ち、教育課程を介してその目標を社会と共有していくこと」「②これからの社会を創り出していく子供たちが、社会や世界に向き合い関わり合い、自らの人生を切り拓いていくために求められる資質・能力とは何かを、教育課程において明確化し育んでいくこと」「③（割愛）」が示されている。

　先進的に「社会に開かれた教育課程」を実現していたのが広島県福山市立新市小学校[1]である。本書で紹介している淡路市立志筑小学校（502・503・504項）もこの学校をモデルとした。

　日本生活科・総合的学習教育学会は2014度末に、特に総合的な学習の時間に力を入れてきた全国の小・中・高校各10校程度に、**資質・能力に関する調査を行った**[2]。小学校で最も秀でた結果だったのが福山市立新市小（5年生42名）である。全45項目中で肯定的回答（「そう思う」と「どちらかといえばそう思う」の合計）が100％だった設問が、「日常生活や社会の中で『知りたいな』と思うことや『不思議だな、なぜだろう』と思うことがある」「問題になっていることの中から取り組んでみたいことを見付けることができる」「人の役に立てるような人になりたいと思う」「自分と異なる考えや意見でもしっかり聞いて理解しようとする」「考えや意見が違っても相手の良い点を認めることができる」「総合で学んだことは、普段の自分の生活や将来に役立つと思う」などの10項目である。身近な社会に関心を抱き、

課題を見出し、貢献意識を持ち、多様な他者との対話を通して問題解決を図り、学びを通して生きる上で必要とされる資質・能力を身につけている姿が浮き彫りになった。

　また、2009年度の広島県「基礎・基本定着状況調査」において、「自分のよさは、周りの人から認められていると思う」の回答が45.7％であったが、2014年度では同様の設問と比べて約30ポイント上昇している。2009年度に「自分にはよいところがあります」の回答が58.7％であったが、2014年度の**全国学力・学習状況調査**の同様の質問への肯定的な回答（「当てはまる」「どちらかといえば、当てはまる」の合計）が85％（全国平均76.3）と26ポイント上昇している。**自尊感情**の上がり方が極めて大きい。

　教科の学力面での伸びも大きい。広島県の**県版学力調査**の結果を見ると、国語の平均点が2010年度は県平均と同水準であったが、2011年度は3.3ポイント、2012年度は7.7ポイント、2013年度は8.8ポイント、県平均を上回っている。算数に関しても2010年度は県平均と同水準であったが、2011年度は3.0ポイント、2012年度は5.8ポイント、2013年度は11.2ポイント、県平均を上回っている。その後も右肩上がりが続いている。

　資質・能力及び自尊感情、教科学力の全てにおいて極めて高い成果をもたらしたのは何か。調査対象となった6年生（調査時は5年生）は、3年次は野菜の地産地消、4年次は大豆研究、5年次は日本食を主テーマに取り組んだ。同小は主に地域の食を取り上げ、地域の人とかかわりながら、最終的には**地域貢献に繋がる活動**を展開している。

　もう一つの特長は、**言語活動**を子どもに委ねていることである。学習規律や学習技能に関するガイドブックを常時活用している。グループ活動で司会が話し合いを繋ぐ。例えば、多くの意見を引き出すために「ほかに意見はありませんか」「○○さんと同じ意見の人はいませんか」など、分かりにくい意見が出た時は「もう少し〜についてくわしく話してください」「たとえば、どんなことがありますか」などの「技」を使う。

　地域貢献型の総合的な学習の時間の実現と言語活動の充実との間では相乗効果が起こる。地域に出かけると必然的に多様な立場や年齢の人とのかかわりが増え、挨拶やコミュニケーションの機会が増える。様々な人から話を聞き、メモを取る。取材先が異なることが多いので、分かったことや感じ取ったことをまとめて伝える責任が芽生え、正確に伝えようとする。また、自分または自分たちだけが知っている情報のために他者に伝えたくなる。調べて

分かったことや多様な情報を整理・分析し、それらを元に論を立てようとする。全体を通して、地域の課題解決や活性化のために、構想・計画を立て、実施・評価・改善を繰り返す。様々な活動場面で互いの考えを伝え合い、自己や集団の考えを発展させる。

　このように、言語活動が必然を伴って活性化することで総合的な学習の時間が充実するとともに、**言語力**が定着してくる。身に付いた言語力が各教科や道徳科等の授業においても発揮されるのである。

　新市小が生活科と総合的な学習の時間の研究を始めた年に新任として赴任し、4年間勤めた教員は後に次のように述べている。

「総合の研究を始めてから、自己肯定感だけでなく、国語や算数などの学力調査結果も毎年右肩上がりに伸びている。総合を研究することで、学力がアップするのはなぜか。その要因の一つとして、『教科と教科とを結びつける**横断的な学習**の仕方が身につく』が挙げられる。総合では、『アンケート結果をまとめるために、算数で学んだ円グラフが使えそうだ』『国語で学習した新聞の書き方を使って、調べたことをまとめてみよう』など、児童が教科で学習したことを生かす活動が設定しやすい。このように、他教科での学びが生かせる、という経験を繰り返すことで、児童のなかに、**教科と教科とを結び付けて考えるという意識**が自然と培われていく。実際に国語や算数の授業のなかで、児童から『先生。これ、総合の○○で使えそう』という言葉が出てくることが多々あった。学習したことを生活のなかで生かすことは、学習内容をより定着させるだけでなく、活用する力の育成にもつながる。また、総合の単元構成を考えるなかで、教師にも教科と教科を結び付けて考えようとする意識が身につく。教師の意識が変わることで、授業内容も他教科との関連を意識したものに変わる。授業内容が変われば、それを受ける児童の意識も変わる。総合を通して『すべての教科・すべての教育活動のなかで、力を伸ばしていく』という考え方が、児童にも教師にも身につくことが、学力アップにつながる大きな一歩となる」。

　教科学習をすぐに社会と繋げるのは難しい。社会との関係が強い総合的な学習の時間と各教科等と関連づけていくことで、子どもにも教員にも学校での様々な学習と社会とのかかわりが見えてくる。

　筆者は一貫して、**社会貢献的な総合的な学習の時間**を各地で推進してきた。小・中を問わずいずれの学校も同様の効果が現れている。身近な地域の課題の多くは答えが一つに定まらない、解決したと思えば新たな課題が見出され

る。しかし、確実なことは、地域を深く知り、課題や問題を理解した上で愛し、少しでもよりよい社会にしたいという思いが育まれることである。また、課題解決の過程において実に多様な立場や世代の大人と関わることになる。そのことにより人を介して社会を知ると共に、人との関わり方を学んでいく。答申にも述べられているように、「こうした社会とのつながりの中で学校教育を展開していくことは、我が国が社会的な課題を乗り越え、未来を切り拓いていくための大きな原動力ともなる。特に、子供たちが、身近な地域を含めた社会とのつながりの中で学び、自らの人生や社会をよりよく変えていくことができるという実感を持つことは、困難を乗り越え、未来に向けて進む希望と力を与えることにつながるものである」が形となっていくのである。

　では、社会に開かれた教育課程の編成を実現していくために教員に必要なものはなにか。「**蟻の目**」と「**鳥の目**」を持つことである。まずは、身近な地域の「人・もの・こと」を知ることである。総合的な学習の時間と生活科だけでなく各教科や道徳の授業に活用できる素材を見つけ出したい。例えば、年度始めの**校区内のフィールド・ワークショップ**や**地域素材に関するウェビング**などの研修を奨励している[3]。もう一つは、次代を見据えて子どもにどんな資質・能力を育めばよいのかを、改めて学校で明確化・共有化することである。特に、社会や大学等に目前に控えている高等学校こそ、狭義の学力観で教育課程編成を考えるのでなく、卒業後にどのような未来や世界が開けているのか、俯瞰的かつ先見的にものごとを捉え、そこではどのような資質・能力が求められるのか、具体化・共有化を図り、その実現のためのカリキュラム・マネジメントを推進していきたい。

(1)　広島県福山市立新市小学校「『新市スタディー＆マナー』で教職員一丸の学力づくり」村川雅弘ほか編著『「カリマネ」で学校はここまで変わる！』ぎょうせい、2013年。
(2)　村川雅弘・野口徹・久野弘幸ほか「総合的な学習で育まれる学力とカリキュラム Ⅰ（小学校編）」『せいかつか＆そうごう』（日本生活科・総合的学習教育学会編）第22号、pp.12-22、2015年。
(3)　村川雅弘『ワークショップ型教員研修　はじめの一歩』教育開発研究所、2016年。

【502】

生活科と総合的な学習の時間を核にした不断の授業改革

筆者の周りには諦めることなく前に進む人たちが数多くいる。淡路市立志筑小学校の山本哲也前校長（現淡路市教育長）とその先生方もそうである。2019年11月の生活科と総合的な学習の時間の全国大会の授業公開を全学級で引き受けた。

山本校長との出会いは2017年2月に遡る。突然のメールをいただいた。「〜略〜生活・総合のフィールドや素材はあります。現在も素材を生かして生活・総合を行っています。しかし、もっと根本の、生活・総合でどんな力をつけたいのか。そのための手立てはどうするのかがあいまいで、生活・総合の特性や大きな可能性を十分生かし切れていないのが実態です。平成31年度の全国大会への取り組みを契機に、生活・総合を中心に据えて、児童の成長を目指す、学校改革・授業改革を行い、その取り組みの波を淡路市の全ての学校にも広げていきたいと考えています。〜略〜」と綴られていた。「全国大会への取り組みを契機に」と「取り組みの波を淡路市の全ての学校にも広げていきたい」に共感し、研究指導に携わることにした。

研究指定はきっかけである。生活科や総合的な学習の時間、国語や算数などの教科、道徳教育やキャリア教育、ICT教育など、どのような教科等やテーマの研究指定を受けようとも、その学校の授業全体が変わらなければならない。また、成果があった取り組みは指定終了後も継続・発展していかなければ意味がない。

指定校の一人勝ちではなく県内や市内の学校への還元を並行して行う。公立学校の教員には人事異動がある。有効な取り組みを行っても異動先でも実現できなければもったいない。何よりも県や市町村全体が伸びていくことが理想である。

2017年9月の校内研修では淡路市内の小学校にも参加を呼びかけている。「志筑小を中心に生活・総合で学校・地域が変わり、淡路島が活性化するといい」という言葉をずっと大事にして、その後も常に淡路島全体を見据えて取り組んでいる。

　年が明けての2018年1月の山本校長からのメールの一部を紹介する。メール文から子どもたちの成長・変容の姿や先生方の意気込みを見ることができる。

「本日、31名全員揃って職員写真を撮りました。大変寒い日で、時より強い風も吹き、髪も乱れがちでしたが、撮り終わったときに自然と拍手が起こりました。たかが職員記念写真、されど職員記念写真です。志筑小学校は、学級崩壊のクラスが多く、職員が目を離さないで注意しておかなければならず、全職員が集まって職員写真を撮るなどということはここ何年か考えられませんでした。だからこそ、小さな一歩でしたがされど一歩だったのです」

「やっと、主体的に学ぶ児童の姿や教師が授業を変えることについて学びの入り口に立てたという思いです。まだまだ、1時間の授業を公開するためには、理論の整理や子どもを育て高めておくこと、教師の教材づくりとカリキュラムづくりなど、やるべきことや越えなければならないハードルは山ほどあります。しかし、着実に前進し続けたいと思いました」。

　2019年3月。「うれしいなぁと思うことがあったのでメールをしました。明日（15日）が卒業式予行。20日が本番です。これまでの卒業式練習のように時間を多くとっているわけではないのに、待つ姿勢、話の聞き方、呼びかけの声、歌声など、どれをとってもびっくりするぐらいの立派な様子でした。学級づくり・学習訓練、生活・総合を中心とする体験や表現活動をもとにした学び、自分事として考え取り組む主体的な力、そして、『6年生に最高の卒業式を……』『日本一の卒業式を……』というような学校全体の空気感。これまでの日々の指導で培ってきた力が、今日のこんな児童の姿につながったのではないかと思うと、嬉しくて嬉しくて……。一人ホワイトボードの陰に行って、ハンカチで涙をぬぐっていました。こんな瞬間が、校長としての最高の時間だなあとつくづくと感じます。これらのことは、先生方のご指導のもと、生活・総合をしっかりと取り組むことができてきたおかげです」。

　2019年4月。「どのクラスもいい形でスタートできています。学校の雰囲気がやる気に満ちながら、ピリッと引き締まっているような感じです。さっそく朝のスピーチタイムに、6年の児童の発表の様子を5年の子どもたちに見せていました。6年生はいつもよりはりきり、良いお手本になりました。『6年生のスピーチタイムを見て、どんなことに気づきましたか。どんなこ

とが勉強になりましたか』とその場
で5年生に振り返りをさせ、6年生
にも5年生にも学びを意識させ、子
供たちを一段高みへ上げていました。
1年生は学校探検1回目を行い、2
年生は春みつけに志筑神社まで出か
けていました。昨年度の今頃は、ま
だそれどころではなく、全く動き出
せていない状態でしたので、やはり、
3月28日（筆者注：本書504項）は
大きな初めの第一歩でした。ありが
とうございました。」3月28日の研
修は、このような形で実を結んでい
る。

写真1

写真2

　そうして、迎えた全国大会当日。
　まず5年の授業「志筑子供防災チ
ーム！発動！〜自他の防災意識を高
めよう！〜」（谷口つかさ教諭・原
田皆子教諭）を参観した。全学年、開始時間を25分ずらし、前後の授業を
公開した。**写真1**と**写真2**は5年2組の児童の姿である。クラス全員が見え
るところに移動し、背筋を伸ばし、まっすぐに前を見て大きな声で発表する。
発表者に体を向け、頷いたり適度な相づちを打って聴き入る。3年ほど前に
はとても想像できなかった姿がそこにはあった。他の教室でもこのような姿
が一貫して見られた。
　筆者がかかわる小中学校の大半は**生活科と総合的な学習の時間を中心とし
た授業改善・学校改革**であるが、必ず**学習規律や学習技能（言語活動を含
む）の定着とセット**で学校研究を進める。
　この点について、広島市の吉田嗣教氏は「目力、姿勢、言葉の掛け方、自
分の思いを語ったり、他の考えとつなぐ学び合いの姿と、子どもが学びの主
体者として、しっかりと育てられていることに感心しました。一朝一夕にこ
こにまで至るわけではありません。先生方と意識の共有化を図りながら、一
人ひとりが妥協することなく、丁寧に子どもに要求し、促しながら、まさに、

『鍛えて』おられることを感じました」と述べている。

　これらの学習規律や学習技能の定着以上に、子どもたちが真摯に学びに向かい、互いに聴き入ると共に仲間の発言を踏まえて比べたり関連付けたりして自己の考えを述べていく姿は、「日本一　人を大切にする学校」の現れと考える。

　随分多くの**防災教育**の授業を参観してきたが、5年の授業は、これまでのものとは大きく異なるものであった。4年の**福祉教育**での体験や学びが活かされており、児童一人ひとりの発言から地域の高齢者の具体的な姿が見え隠れしているように感じた。高齢者一人ひとりの状況を踏まえて**防災マップ**を作成し手渡し共に避難経路を歩いて確認しあった後の授業である。防災マップを渡しても避難すること自体に前向きではない高齢者の存在に目を向けている。

　例えば、5年1組の振り返りでは「希望を無くしている人が周りにいるのだから、その人を元気づけるように呼びかけをしていきたいです。出会った人に挨拶をして顔や名前を覚えてもらいたいです。僕たちは大人みたいにたくさんのことはできるわけではないから、今の自分にできることを考えて行動したいです。これから起こると言われている南海トラフ地震が起きてもいいように頑張りたいです」（男児）や「Kさんは一人で住んでいて一人で寂しく思っていることを知っているのは私たちの班だけだから、大人の方ではなく私たちでないとだめだと思います」（女児）、「○○さんのことを知っているのは私たちだけだから、お年寄りに逃げようとする気持ちを持ってもらうために、挨拶や防災会議などで必要な情報をお年寄りに伝えたらいいと思います」（女児）。こういった発言が授業終了のチャイムが鳴り、次の案内のアナウンスが流れても動じることなく続いた。自分たちが関わった高齢者一人ひとりを思い浮かべ、何とか助けたいという気持ちがひしひしと伝わってきた。目頭を熱くした参観者は私だけではなかった。

「日本一　人を大切にする」児童の姿は授業以外でも見られた。

　愛知県知多市の八釼明美氏から以下のような微笑ましい話を聞いた。「決して、試したわけではないんですが、『日本一　人を大切にする学校』をいきなり目の当たりにしました。公開授業の開始7分前に5年2組の教室にようやくたどり着きました。子どもたちは、すでに授業に向かう気持ち

満々で、本時の学習内容についての情報交換を始めていました。子どもたち
のやる気を削いでしまって申し訳ないと思いながらも、出入口に一番近いグ
ループの子どもの一人に、『トイレはどちらにありますか』とお尋ねしまし
た。すると、グループ全員が一斉に立ち上がり、廊下まで案内してくれたの
です。そして、『右に行けばここから一番近いトイレがあります』『それは、
子ども用です』『大人用もあります』『大人用は、左をずっと行くと、右手に
エレベーターがあります。そこを左に行くと、右手にあります』と。ホテル
顔負けの接客に度肝を抜かされました。山本校長先生の学校運営は、子ども
たちの姿によって、この日朝から具現されていました」。

　山本校長先生は、全国大会当日の最後のあいさつの中で「私は、志筑の職
員を誇りに思います」と涙した。子どもや学校、地域を変えたのはまさしく
教職員である。山本哲也主将の下、「ONE TEAM」志筑小が一丸となりな
し得たことである。
　退職後に、志筑小での取り組みを振り返っていただいた。それが次ページ
の寄稿である。たくさんの思いを綴っていただいたのを紙面の都合で私の方
でまとめたものであるが、**生活科と総合的な学習の時間を中心にした授業改
善・学校改革**を通しての、**子どもの成長**や**地域とのかかわりの変容**が熱く伝
わってくる。
　退職前にいいお手伝いができて本当によかった。

【503】

《寄稿》生活科・総合的な学習のチカラ～全国大会からの学びを未来へ～

　かつての志筑小学校は、授業が始まっても教室に入らない児童にどう関わっていけばよいのか、群のような児童の集まりをどのようにして集団に育てていけばよいのかなど、多くの問題を抱えた学校であった。学校と地域との関係も薄れ、地域から声が上がると学校に対する攻撃かと身構え、地域の人の繋がりさえも薄れてきているようであった。

　そんななか、何とか学校を立て直そうと取り組んでいた2016年度末に、全国生活・総合兵庫大会の公開授業校という大きな目標を掲げることになった。それから、2019年11月15日までの2年半の生活科と総合的な学習の時間の取り組みを通して、私自身が学んだことの一端をこの場を借りてまとめさせていただく。

1.　生活科・総合的な学習には、大きなチカラがある

　実践研究に全力で取り組むと、子供たちや教師、学校には確かな変容・成長が見られる。しかし、生活・総合には私が考えていた以上に変容・成長させるチカラがあり驚かされた。

○児童が、自分たちで課題を設定し、探究のプロセスを経ることで、学びが自分事となり、一つひとつの学びが血となり肉となり「本物の学び」となっていく。

○各教科で学んだことを生かしたりつなげたりしながら本気で学んでいくので、学びがどんどん深まっていくと共に、学び方を学ぶことができる。

○学習が苦手な子どもも意欲的に学び、教師からすると「誰一人切り捨てない教育」、子どもからすると、「学ぶ楽しさと自尊感情が育つ教育」の実現ができる。

○地域の材を生かし地域から学ぶので、地域とのつながりが深まり、学校を中心として地域が活性化し、学校も地域も変わっていける。さらに、子どもたちは学んだことや自分の力を地域や社会に生かしたいと活動することで、地域や社会と自分のつながりを深め、「ふるさとに貢献したいと願う心」（ふるさと愛）が育つ。

○仲間とともに協力し、対話しながら学ぶ（学び合い）により、仲間との関係がより深くなるとともに、学びが集団や社会生活場面にどんどん生かされていく。

2.　カリキュラム・マネジメントで教科の学びがつながっていく大きなチカラがある

○学びはそれぞれが個別にあるものではなく、教科を超えてつながり、生かされ再構築され、新たな知識や深い学びになる。そのような学びは、生活・総合の学びの場面で多く活用されるとともに、次からの学習場面で必ず生きてはたらく学びにできる。

3.　本気で取り組むと、おのずと学び合える集団づくりにつながっていくチカラがある

○個を集団に埋没させてしまうのではなく、自分の考えや意見をちゃんと話せる子どもに育っていく。友達の意見や発表をしっかりと聴き合える集団にせり上がっていく。

4.　生活・総合には、学校教育目標を地域も一緒になって目指せるチカラがある

○子どもたちにどんな学校にしたいのかと問いかけると、「日本一　人を大切にする学

校」と1年生でも答えた。これが、**学校教育目標の姿である**。教師だけでなく、子どもたちも、保護者や地域も目指す目標（バックボーン）となったとき、学校は大きく変わる。こうなれば様々な好循環が生まれてくる。この学校教育目標への思いは、総合的な学習での自分の力を地域や社会に生かそうとする活動に強くつながっていく。

5. 小さな前進・良くなったことの共有が、やりがいと大きなパワーになる

○荒れのあった学校を良くしたり、より良い授業にしようとしたりすることは、非常にパワーがいる。そのモチベーションの維持には、子どもたちの小さな変化や成長を共に喜ぶ時間や空間が欠かせない。絶えず成長を見つけ、共に喜ぶ視座こそ必要である。

6.「本物は続く、続ければ本物になる」（東井義雄）

○子どもたちの姿や学校の姿は、達成できたと思えることがあっても、しばらくすると全く考えていた姿ではない残念な姿を見せることがある。本物になっていれば続くが、一度の努力で本物には到達できないことを肝に銘じるべきである。本物になるためには、続けることである。続けてそれが当たり前になれば、本物になれる。そうやって学びの歩みを続けたその先にこそ、本物の教育があり、本物の児童の姿が生まれる。

　新型コロナウイルス感染症のために、予定していた離任式も無くなったが、後日新6年生のメッセージを後任校長から頂いた。そのメッセージには、「今までありがとうございました。校長先生がいてくれたおかげで日本一を目指すことができました」「ぼくは6年生になって日本一人を大切にする学校にしたいです。そのためにぼくが引っ張っていきたいです。がんばります。ありがとうございました」などの言葉が書かれており、とても胸が熱くなった。子どもたちがこのように育ったのは、生活科・総合的な学習のチカラと、志筑小や地域が変わろうと努力をする多くの人の力が、合わさった実践を展開できたからだと確信する。

　生活科と総合的な学習は、汗をかいて考え、自分や友達の持っている学びを結集させ、実際に動いて学びとった本物の経験ができる学びである。総合的な学習には教科書がないからこそ、子どもたちとともに地域をフィールドとして本物の学びができる。そんな学びが子どもたちの生き方に深くつながる学びとなっていくのであるから、教師冥利に尽きる。

　社会が大きく変わり、新たな教育に向かって変化していくターニングポイントに差し掛かっている大切な節目であるからこそ、全国の先生方には「生活・総合のチカラ」を信じ、**「誰一人も見捨てない本物の教育」**への未来に歩みを進めていっていただきたいと願う。そして、**「生活・総合のチカラを最大限に生かしながら、本物の教育は続く、続ければ本物の教育になる」**が実践され、花開いていくことを信じてやまない。

淡路市教育長（前淡路市立志筑小学校長）　山本哲也

【504】

総合的な学習の時間の充実に向けた年度初めの研修

　筆者は、カリキュラム開発やカリキュラム・マネジメント（以降、引用等を除き、「カリマネ」）、総合的な学習の時間、生活科、教員研修など多岐にわたる分野の研究や教育、研修にかかわっているが、共通に大切にしてきたことは**授業研究**である。

　ワークショップ型研修を提案・実施しているが、授業研究が全てのワークショップ型研修の基礎・基本であり、多様な課題のワークショップ研修はその応用・発展と捉えている[1]。また、カリマネについても、「PDCAサイクルのDのなかに、個々の教師による日々の授業の見直し・改善としての小さなpdcaサイクルが回っており、それを組織的・計画的に行うのが授業研究である」と述べている。

　改めて考えてみたい。授業研究は何のために行うのか。

　一つは**授業者の授業力向上**のためである。参観者には、授業の「成果やよかった点」「疑問や問題点」「助言や改善策」を指摘するだけに止まらず、その関係を構造的に示して欲しい。例えば、「『個人作業に入った際に手が止まった児童が多かった』（学習者側の問題点）のは、『授業者の指示が曖昧だった』『指示したこととワークシートにずれがあった』（教師側の問題点）からと考えられる。『ワークシートを授業展開と連動させると共に個人作業に入る前にペアで簡単な確認を行うとよい』（授業者側の改善点）」といった分析である。授業者は、授業の各場面や各要素及びそれらの関連についての具体的なコメントや助言を求めている。

　一つは**参観者の授業力向上**のためである。参観者も研究授業やその後の研究協議を通して深く学びたい。参観者は、授業の各場面や各要素について「何がどうよかったか」「どこが問題か」「どうすればよかったか」を具体的に文字化することで、他の教員のコメントと比較・関連付けることができ、異なる視点や新たな考えを学ぶことができる。教員にも「**主体的・対話的で深い学び**」が求められる。

　一つは**学校全体の授業力向上**である。研究授業は学校研究の成果や課題を明らかにするためのものでもある。上手くいったことは学校の取り組みが機能していることであり、上手くいかなかったことは学校全体の課題でもある。

　一つの研究授業を、学校が目指す授業の一つの現れであり、学校研究の一

環であるという意識を持つためには、その前提として教職員全員が学校研究についての共通理解を図ることが必然となる。

　2019年度の第28回全国小学校生活科・総合的な学習教育研究協議会（第22回近畿地区小学校生活科・総合的な学習教育研究協議会）の会場校の一つである淡路市立志筑小学校が大会を成功に導いた要因の一つは年度始めの研修である。異動してきた教員も含めて**学校研究の共有化**に繋がった。

　年度始めと述べたが、人事異動発表直後の2019年3月28日に実施した。その直前の3月11日の「**生活科及び総合的な学習の時間の年間指導計画の見直しワークショップ**」の際に、「2018年度のメンバーによる年間指導計画の見直し案を、2019年度の新メンバーを加えて加筆修正する。その際、大会当日の3講師（関西福祉科学大学の馬野範雄教授、武庫川女子大学の酒井達哉准教授、筆者）も参加する。かなり充実したスタートダッシュが切れる」と提案した。前年度末であるにもかかわらず、山本哲也校長（現淡路市教育長）の尽力で、異動してくる教員及び現任校の管理職の理解を得て実現の運びとなった。

　筆者はかつて、秋に全国大会を迎える長崎市立稲佐小学校の年度初日に「全国大会までの**課題整理ワークショップ**」と「**課題解決のためのアクションプランづくりワークショップ**」[2]を実施し、大会を成功に導いた経験がある。この志筑小の研修はそれを凌ぐ早さである。

　概要は**資料1**のとおりである。10時から15時まで実施した。異動のない教員16名、異動する教員3名（うち退職1名）、異動してくる教員の7名のうち5名と大会講師3名が一堂に会した。

　全体研修の冒頭で本研修の趣旨と進め方を説明した。主に「**本研修はPDCAサイクルで言うと、前回の3月11日の見直しがCとするとD（改善）に該当する**」「元々おられる先生は守りに入りやすい。異動して

資料1

```
1．全体研修
  ①本研修の趣旨・進め方（村川）
  ②講話Ⅰ（酒井）
  ③講話Ⅱ（馬野）
  ④講話Ⅲ（村川）
 〜昼食（講師と共に）〜
2．部会別研修（低・中・高学年団に分
  かれて実施。担当講師も入る）
  ①30年度メンバーによる年間指導計
   画見直しの確認と質疑
  ②31年度メンバーによる年間指導計
   画の改善
3．全体交流会
  ①各学年の発表
  ②各講師からの助言
```

くる先生が意見や疑問を投げかけ、共に議論することにより自分ごとにもなり、指導計画のヴァージョンアップにも繋がる」「この後の3人の講話も指

導計画作成の参考にして欲しい」と述べた。

　大会当日の3名の講師は、新旧の教員の共通理解を図る上で研究に対する考えを述べた。低学年担当の馬野氏は、生活科を中心に授業づくりの考え方や具体的な手だて、子ども一人ひとりの見取り方やかかわり方について、中学年担当の酒井氏は、探究的な学習過程と振り返りの重要性、地域教材活用の意義及び生活・総合を充実させるために必要な**五つのワーク**（「**ネットワーク**」「**フットワーク**」「**チームワーク**」「**フィールドワーク**」「**ライフワーク**」）について語った。

　高学年担当の筆者は、異動してくる教員を意識し、改めて「今次改訂の基本的な考え方は総合的な学習の時間が基盤となっている」「地域活性化の鍵を総合的な学習の時間が握っている」「探究課題は質が変わって繰り返される」「育成を目指す資質・能力の3つの柱で振り返りをさせ、子ども自身が学びのpdcaサイクルを回せるようにする」などを解説した。

　年度前に大会講師の考え方を確認したことで、教員がぶれずに学校研究に取り組んでいくための方向性が明確になった。実際、4月から異動してくる教員は研修後の振り返りで「生活科・総合的な学習の時間の授業づくりに関する様々な視点を教えていただき、大変勉強になりました。目標・課題・振り返りの設定、アクティブ・ラーニングの視点に立ったときの教師の役割、学習形態の工夫、探究学習、子どもや教師にとっての地域教材の意義など、これまでぼんやりとしか考えられていなかったことに改めて気づかされました。〜略〜異動が決まってから今日まで不安しかなかったのですが、今日の研修に参加させていただけたことによって、少しわくわくした気持ちも生まれてきました」と述べている。

　午後からは学年ごとに「**年間指導計画の改善ワークショップ**」を行った（**写真1**）。新年度の担任はその学年に、また異動していく教員は旧年度の学年に入った。学級担任以外の教員は専門性などから一番関連する学年に加わった。3名の大会講師は担当する2学年を行き来した。

　用意したものは、①3月11日に行った2018年度の各学年の生活科と総合的な学習の時間の「年間指導計画見

写真1

直しワークショップ」の成果物、
②①を踏まえて新メンバーで協
議し、アイデアを整理するため
の年間指導計画の拡大版、③4
色（黄色、水色、桃色、緑色）
の付せん、④水性黒のサインペ
ン（人数分）、⑤多色のマジッ
クセット、である。午前中の筆
者の講話のなかの「学年ごとの
見直しのポイント」と付せんの

写真2

色使いについて提示した。「探究的な視点から課題や活動、評価を見直す」
（黄色）、「各教科等との関連の視点から見直す」（水色）、「地域とのかかわり
や地域貢献、地域の資源活用の視点から見直す」（桃色）、「異学年交流や学
校間交流の視点から見直す」（緑色）とした。

　どの学年も、前回の研修の成果物と午前中の講話を参考に年間指導計画の
見直しを行った（**写真2**）。志筑小3年目の教員は「新しいメンバーで考え
ることで、客観的に単元計画を見ることができ、できること、難しいこと、
地域や児童、学校の実態にそぐわないことが明らかになった」と述べている。
また、年度末のこういった研修は異動が決まっている教員のモチベーション
が下がる危険性が高いが、本研修ではそのようなことは全くの杞憂となった。
どの学年においても積極的に発言する様子が窺えた。

　振り返りでは「年度末から来年度にかけて授業の見直しと見通しを立てた
ことは大変有意義なことであったと思います。単元構成を今の時期に考えて
おくことは、いいスタートが切れます。～略～年度始めの学級経営をしっか
り行い、主体的・対話的で深い学びをどの授業にも取り入れるように意識し
ていくことを心がけたいです。～略～異動先でも教えていただいたことを大
切に頑張りたい」や「単元構成を考えるなかで、目指すべき子ども像に向け
てどんな課題設定があるか、プロセスをどうするかということが重要だと感
じました。～略～自分の足で情報を集め、春休み中に構成し、1年後の子ど
も像を意識して、4月の1ヵ月で学習基盤を定着させたいと思いました」と
本研修の学びを熱く語っている。

　最後に、全学年が成果を発表し課題の共有化を図った（**写真3**）。手前が
3月11日の旧メンバーによる成果物である。

　学校のカリマネの全体計画や学校研究の方向性、年間指導計画の作成に全教員がかかわることで、目的やその実現のための具体的な取り組み方が明確になり、研修意識や実践意欲は格段に高まる。特に、異動してくる教師にとっては意義深い。一つひとつの授業の設計や実施、評価も大きな流れからぶれることなく行われる。年度始めにこのような研修を行うことは**実効性の高い学校研究**を進めていく上で有効である。是非とも行っておきたい。

写真３

(1)　村川雅弘『ワークショップ型教員研修　はじめの一歩』教育開発研究所、2016年。

(2)　前掲書（1）「創意で取り組む学校研究とするために」、pp.66-67。

(3)　村川雅弘・酒井達哉編著『総合的な学習　充実化戦略のすべて』日本文教出版、2006年。

【505】

地域を挙げて目指す資質・能力を育む授業づくり

　2019年6月、大分県佐伯市で第28回日本生活科・総合的学習教育学会全国大会が開催された。佐伯市は**少子高齢化**による地域の衰退を懸念している。1980年に10万人近くあった人口が2015年には7万5千人に、2060年には3万5千人ほどになると予測されている。九州の地方都市の一つである佐伯市にとって大きな課題である。この問題は地方都市が抱える共通の課題である。生活科と総合的な学習の時間の充実により「地域とかかわり、地域を理解し、地域に愛着を持つと共に、地域の課題も真摯に受け止めながらも、世代を超えて仲間と一緒に、教科等で身に付けた知識や技能及び様々な経験を活用して問題解決や新たなものの創造する人づくりを」との筆者の思いと合致し研究指導にかかわってきた地域の一つである。**地域の活性化**を図るため、市を挙げて**総合的な学習の時間の充実**を図ってきた。

写真1

　まず、2016年1月に「**総合的な学習の時間を要とした『ふるさと創生プラン』戦略会議**」を実施し、小中高の教員、県と市の指導主事、研究者等総勢33名によるワークショップにおいて、小学校から高等学校までを見通した**資質・能力系統表**の礎が築かれ、その後、幼稚園も含めた13年間の系統表を完成させる（**写真1・2**）。

写真2

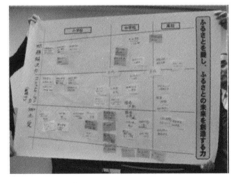

　佐伯市の取り組みは少子高齢化が懸念される地方都市が目指す**地域活性化のモデル**である。また、学校のカリキュラム・マネジメントを実現する上での地域教育行政を中心とする「**地域のカリキュラム・マネジメン**

ト」の先進地である。その取り組みの一端を全国大会で披露したのである。この学会はそれまでは政令指定都市や県庁所在地が会場になることが多かった。また、高等学校2校が発表会場校になるのも初めてである。人口7万余りの地方都市に全国から1,000人を超える教員や研究者が集まった。

写真3

　カリキュラム・マネジメントでは一つ目の側面として、生活科や総合的な学習の時間を中心にした教育課程全体における**教科横断的な学び**の実現を目指している。佐伯市はこの「**ヨコのつながり**」に加え、幼稚園から高等学校までの13年間の育成を目指す資質・能力を踏まえた「**タテのつながり**」を提案している。幼小接続において「**幼児期の終わりまでに育ってほしい**

写真4

10の姿」が重要な役割を果たしているが、幼小に止まらず、小中及び中高の接続を実現していく上で資質・能力系統表の存在は大きい。

　会場校の一つである鶴谷中学校3年の**総合的な学習の時間**では、自分たちが中心となって活躍する30年後の佐伯市が住みよい町になるために何が必要かを考え、前年秋から取り組んできた。約180名の生徒が「地域・情報発信」「国際交流・共生」「健康増進」「安心安全」「子育て」の五つの分野に分かれ、取り組む課題によりさらに細分化されたチームが授業会場の体育館いっぱいにブースを設けて発表・協議を行った。

　筆者は「子育て」のブースに足を運んだ。ちょうど「保育園・幼稚園紹介パンフ制作」のチームが発表していた。屋根を叩きつける雨音にかき消されながらも精一杯の声で発表したり協議したりする姿が見られた（**写真3・4**）。

このような発表場面で
筆者が着目するのは、
準備された発表よりも
即時的な質疑応答であ
る。発表の直後は質問
が出なかった。すると
発表者がすかさず「1
分間、隣の人と意見交
流してください」と促
した。

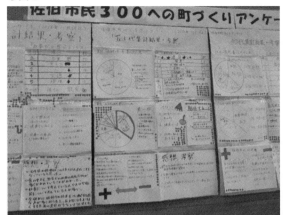

　約1分後、聴衆に対
して再度質問を促した。

すると一気に手が挙がり、10分足らずの間に10人ほどが質問や意見を述べ
た。1分程度の意見交流であるが大きな効果があったようだ。質問内容によ
っては即答し、場合によってはメンバーで短く確認し合い対応していた。自
己が取り組んでいる分野の経験や情報を踏まえての質問や意見（「外国人が
増えているが英語のパンフも作るのか」「他の地域の保育所や幼稚園も同じ
ようにPRしているので、佐伯で子育てするよさを示す必要がある」など）
も出されて、生徒が分野間のつながりを意識して取り組んでいることが感じ
られた。

「佐伯市民300への**町づくりアンケート**」の結果（**写真5**）が体育館の一つ
の壁面に貼られていた。このアンケートは彼らの学習に大きな意味がある。
後日、鶴谷中からいただいた資料によると、前年10月に実施されている。
20代から70代まで配布できるように各区長に協力依頼し実施した。保護者
を含め約700配布し、回収数は345人である。40代が多いのは保護者配布の
影響と考えられるが、20代から70代まで40〜50人ずつ満遍なく回収でき
ている。

　佐伯のよさとして、世代を越えて「自然」と「食」の豊かさが挙がってい
る。課題として、20代は「遊び場所」、30代・40代・60代は「商業施設」、
50代・70代は「交通の便」を挙げている。例えば、70代の集計結果に対し
て「若者と高齢者が協力し町の活性化を図る」と結んでいる。市民の不安や
思いを十分に理解した上で、各分野の各課題に取り組んでいる。学校からい
ただいたアンケートに次のような意見（一部）が書かれてあった。生まれも

育ちも佐伯市の60代男性である。

> ［質問］佐伯市に住んでいて困ったなと感じることや暮らしにくさを感じることはどんなときですか。
> ［回答］この問題には少し躊躇します。アラさがしをし始めると切りがないからです。問題点を洗い出して、解決策を考えるというアプローチには限界があります。佐伯をどんな町にしたいかからスタートすべきだと思います。はじめに夢ありきという考え方をしましょう。
> ［質問］佐伯市の30年後はどのようになっている（なってほしい）と思いますか。
> ［回答］住民がどう思うかで決まる。消滅するか発展するかは私たち次第です。一緒に考えましょう。
> ［質問］佐伯市が今後も生き生きとした町であるため、鶴谷中の生徒にできることは何だと思いますか。
> ［回答］まずは、宝さがしです。最初はなかなか出て来ないと思いますが、ひとたび出はじめると次々に思いつくようになります。その過程で、たくさんアイデアが生まれていると思います。どういう町にしたいか。色々な要素を組み合わせて理想を描いてみてはどうでしょう。〜略〜

　このようなアンケートは他にもあったことだろう。生徒たちはアンケートから「考え方」「生きかた」も学びとったに違いない。

　今後の展開として、住民への説明会を計画している。「安心安全」分野のあるチームが「町全体が暗いので明るくする提案を考えていたが、お金がかかるので断念した」というエピソードを耳にした。筆者がそれこそが重要と考える。彼らの提案の実現に必ずついて回るのが予算である。それが現実である。3年生の先生方に「予算会議」を希望した。全体の予算を決めた上で、どのチームの提案を通すのか、どの提案とどの提案を関連させれば経費削減につながるのか、など、協議したい。町にとって何が大切なのか、喧々諤々の協議を通して、さらに深く学ぶこととなる。鶴谷中の実践から「**社会に開かれた教育課程**」の方向性や具体的なヒントを見出すことができる。

総合的な学習の時間を核とした未来志向の安全防災教育

　わが国は「災害大国」である。地震、津波、台風、豪雨、豪雪等々、1年中どこかで災害が起き、その頻度や激しさが年々増している感がある。**表**をご覧いただきたい。日本の災害に目を向けると、最も多いのが嵐（主に台風）である。約半数を占める。地震、洪水、極端な温度と続く。世界で起きている各災害の陸地面積から算出した発生率が高いのは地震で、実に世界の16.4％を占める。世界ではマグニチュード4以上で登録している国や地域があるのに対して、日本はマグニチュード5以上の登録のため実際はもっと高い確率で地震が発生していると考えられる。極端な温度、嵐、火山活動も10％を超えており、改めて「災害大国」であることが浮き彫りにされる。自分の地域は大丈夫と安心しているわけにはいかない。仕事や旅行で、いつどこでどんな災害に見舞われるか、予測がつかない。全ての学校が**安全防災教育**に取り組むことは必須である。

　筆者と**安全防災教育**とのかかわりは長い。大阪大学人間科学部助手時代の1983年5月26日に**日本海中部地震**が発生する。同僚の佐古秀一助手（現鳴門教育大学副学長）と東京に移動し、翌朝、秋田入りを果たす。それから10日あまりで十数校の小中学校の訪問調査を行う。昼は実地調査を行い、夜はデータ整理を行う日々だった。その後、実地調査を元に児童・生徒用及び学校用の質問紙を作成し、青森と秋田の2県で実施する。所属学部は文部省（当時）の科学研究費自然災害特別研究にかかわっていたのである。

　筆者がカリキュラム開発や、その後のカリキュラム・マネジメントを専門としていく契機の一つはこの秋田での調査である。同じ秋田の地で共通の学習指導要領の下で教育活動を展開しているにもかかわらず、地震発生直後及び校庭への避難、下校のタイミングや対応の仕方、教職員の意識などに差異が見られた。避難訓練等の日頃の取り組みも大きく異なる。学校（特に校舎の構造や強度、日頃の安全対策など）や地域（地形や通学路の状況など）、子ども（家族構成や共働きなど）の実状に関する正確な情報の把握が様々な判断を行う上で極めて重要である。安全防災教育は、まさに**カリキュラム・マネジメント**が求められている。

　1984年9月14日の**長野県西部地震**でも、主に大滝小中学校を複数回訪問し、取材をもとに「地震、その時学校は」という教師教育用映像教材を制作

表　日本と世界の災害比較

世界では、洪水が最も多く、全災害の内44.3%を占めている。次いで、嵐（風による災害）が27.9%と多いことが分かる。

日本では、嵐（風による災害。台風発生を含む）が最も多く、その割合は52.8%と半数を超えている。次いで、地震が17.1%と多い。

「日本/世界」は、各災害の全世界発生数に対する国内発生数の割合を示したものである。地震は、全世界発生数の内、4.6%を占めていることが分かる。

日本語訳	世界		日本		比較	
	発生数	発生割合	発生数	発生割合	日本/世界	陸地面積対比
干ばつ	328	4.6	0	0.0	0.0	0.0
山火事	231	3.2	1	0.7	0.4	1.5
地震	544	7.6	25	17.1	4.6	16.4
マスムーブメント	13	0.2	0	0.0	0.0	0
火山活動	100	1.4	3	2.1	3.0	10.7
地すべり	369	5.1	3	2.1	0.8	2.9
洪水	3187	44.3	21	14.4	0.7	2.4
極端な温度	421	5.9	16	11.0	3.8	13.6
嵐	2007	27.9	77	52.7	3.8	13.7
溶岩流	1	0.0	0	0.0	0.0	0.0
	7201		146		2.0	7.2

干ばつや、マスムーブメント（水を起因としない地滑り）は、国内では見られない。また、世界ではマグニチュード4以上でデータ登録されているものがあるが、国内では5以上のものしか登録されていない。

「陸地面積対比」は、総務省統計局（世界の統計2019）が示した、世界の陸地面積13,008,757（1,000ha）に占める日本の陸地面積36,456（1,000ha）の割合0.28%を元に、各災害の発生率が国土の割合と比べて何倍かを示したものである。地震が最も多く、16.4倍もの発生率であることが分かる。

本表は、災害疫学研究センター（The Center for Research on the Epidemiology of Disasters：CRED、所在地：ベルギー）が開設しているEM-DAT(Emergency Events Database)の2000年1月1日から2019年10月31日までのデータを元に日本福祉大学全学教育センター村川弘城講師が作成（参照・作成日2020年1月25日）

している。これらの経験を生かし、1995年1月17日の**阪神淡路大震災**後の神戸市教育委員会による**防災教育のカリキュラム開発**及び**副読本開発**、2011年3月11日の東日本大震災後の岩手県教育委員会による**復興教育のカリキ**

ュラム・マネジメントにかかわってきた。

　安全や防災にかかわる活動は、かつては特別活動の学校行事の一つとして**避難訓練**を中心に行われてきた。どちらかと言えば、学校の計画の下、教師主導で行われてきた。**総合的な学習の時間**が創設されてからは、子どもたちによる主体的・協働的な問題解決学習として取り組まれている。これまでの先進事例のなかから示唆的な取り組みを紹介する。

　2002年2月の土曜日、高知市立大津小学校の5・6年生が**地区の防災訓練**に参画した。プールでのバケツリレーや消火器を使った消火訓練、スモーク体験等を企画・実施した。筆者もスモーク体験を行ったが、その時の恐怖は今でも忘れない。1センチ先が見えないなかを手探りで進む。子どもたちが紙粘土で模した細かな被災物に触れた時は足がすくんで動けない。実際は有毒ガスや火災のなかを避難することになる。既に怪我を負っているかもしれない。このような実体験が極めて重要である。その後、子どもたちは学習の成果を生かしパンフレット「大津を災害に強いまちにしたい」（A4、16頁、2,000部）を作成し配布する（**写真1・2**）。その内容の質の高さと正確さは豊富な情報収集と各教科で身に付けた知識や技能の活用の賜物である[1]。

写真1

写真2

　2014年6月7日の高知新聞には高知市立潮江中学校の取り組みが紹介されている。2年生約150人が**職場体験学習**と関連付け、お世話になった60の事業所で物資の備蓄や防災訓練について調査し、自分たちの学習成果を生かし、各事業所の**防災意識の向上と防災対策の改善**に一翼を担っている。

　安全防災教育のカリキュラム・マネジメントに取り組んでいる学校は横浜市立北綱島小学校である[2]。地域とのかかわりを重視し、1年は「学援隊」、2年は「子ども110番」、3年は「早渕川」、4年は「消防団」、5年は「家族」、

6年は「地域の防災リーダー」と、発達段階に応じて身近な地域や家族と共に安全防災に取り組んでいる。対象の輪が広がりながらも、それまでの対象とのかかわりが新たな学びに繋がり生かされている。

淡路市立志筑小5年の実践（本書502項）も同様である。4年での高齢者とのかかわりが生かされている。高齢者一人ひとりの実状を踏まえた**避難マップの作成**に繋がる。その後、それでも避難や救助を望まない高齢者の意識をどう変えていくかを子どもが真剣に考える。教科間の横断的なつながりに止まらない、学年間の縦断的な繋がりが「深い学び」を引き出している。

新学習指導要領の総則の第2「教育課程の編成」の2「**教科横断的な視点に立った資質・能力の育成**」の（2）において「〜略〜、豊かな人生の実現や災害等を乗り越えて次代の社会を形成することに向けた**現代的諸課題に対応して求められる資質・能力を、教科等横断的な視点で育成**していく〜略〜」と述べられている。東日本大震災の影響もあり、特に安全防災が強調されているが、**多様な課題に対応できる資質・能力の育成**が求められている。新学習指導要領では、現代的諸課題に関連する内容が各教科等のなかに散りばめられている。これまで通り総合的な学習の時間を核としながらも、各教科等のなかでも意図的に取り扱っていきたい[3]。

2019年12月2日から4日連続で放映された**NHKスペシャル「シリーズ体感 首都直下型地震**」をご覧になっただろうか。「パラレル東京」は12月2日午後4時4分に都心南部を震源とするM7.3・最大震度7の直下型地震が発生したという想定のドラマである。発生後4日間の様子を、VFX（CGや合成処理で実写映像を加工する技術）を駆使し、まるで本物のニュース番組を観るようなリアリティを体験する。テレビ局が舞台である。悲惨な被害状況が次々と飛び込んでくる。それを伝える若手キャスター倉石美香役の女優・小芝風花さんの迫真の演技がさらに緊迫感を引き出した。

地震発生当日、広域停電、同時多発大規模火災、ビル・家屋倒壊、土砂崩れによる脱線、群衆雪崩などの被害状況が次々伝えられる。2日目、さらに深刻さは増す。同時大規模火災は火災旋風を引き起こす。SNSによるデマによる避難民の将棋倒しも起きる。倒壊した建物への救助は手が回らない。3日目、4日目と悲惨な状況がますます明らかになってくる。

発生後4日間の体感以上にショックだったのは、発生1年後、10年後の日本の姿である。「終わりの見えない被災」（同年12月7日放送）では、様々な専門家により作成された「**被災ツリー**」（被害総数2,100項目）が紹介さ

れた。被災ツリーの全容が入手できなかったので、連鎖の一部をNHKの HPから紐解く。「地震直後に発生した住宅やインフラ、経済・産業などの 被害。そこから枝分かれして、被災の状況は、次々と連鎖していく。地震発 生から1週間、1ヵ月、1年と時間が経つにつれて、被害が繋がり、深刻化 していく……」最終的には「**日本社会の危機**」に繋がる。

「災害に耐える社会へ」（同年12月8日放送）では、災害後の被害を最小限 に食い止めるための対策が協議される。共通した結論は「**東京への一極集中 の回避**」である。東京が壊滅すれば日本は滅亡する。行政機関や企業の中枢 をはじめあらゆるものが東京に集中していることへの半鐘である。

　安全防災教育は災害時の被害を少しでも少なくすることを目指しているが、 震災後の日本の行く末にも目を向けた取り組みにも今後期待したい。中高で は可能だろう。環境問題や地球温暖化、エネルギーの確保、社会福祉など他 の現代的諸課題との関連も深い。**総合的な学習の時間**が**地方の活性化**に少し でも寄与することで、国全体が豊かになり、真に災害に強い国家となってい くと考える。総合的な学習の時間が学校教育のみならず現代社会及び未来社 会に果たす使命は計り知れない。

(1)　岡敬子「大津を災害に強い町にしたい！」村川雅弘編『子どもたちのプロジェクト　S「総合的な学習」－8つの熱き挑戦！』NHK出版、pp.123-138、2002年。

(2)　昆しのぶ「地域や保護者と連携した安全防災教育で実践する主体的・対話的で深い　学び」村川雅弘編集『学力向上・授業改善・学校改革　カリマネ100の処方』教育開　発研究所、pp.150-157、2018年。

(3)　村川雅弘「現代的な諸課題に対応する資質・能力を育む教科横断的な学びの実現」　文部科学省教育課程課『中等教育資料』No.994、pp.14-19、2019年。

◆6章◆コロナとGIGAスクール構想

【601】

コロナに打ち勝つ子どもを

　2020年度前半、子どもの自宅学習を支援する国や機関の取り組みは温度差はあるものの盛んであった。しかし、重要なことは学ぶ側の子どもたちに「一人学びの力がどの程度備わっているか」、視点を変えれば「一人学びの力をいかに育ててきたか」である。カリマネの究極は「子ども一人ひとりの学びのカリキュラム・マネジメント」（本書203項）である。今こそ、「子ども一人ひとりの学びのカリマネ」の育成と発揮が求められている。GIGAスクール構想の実現においても同様である。

　2020年4月22日付の「朝日新聞デジタル」の記事に「フェースシールド、不足なら僕が作る　小6、3Dプリンターで自作し病院へ寄贈」がある。清水雄基さんは、歯科に通院する母親から医療現場の備品不足を聞き、「自分にも何かできないか」と考えて、3Dプリンターでの製作を思いついた。高校生の兄が英語の設計図を翻訳し、妹も手伝い、1週間の試行錯誤の末、完成させた。「病気を治してくれる人たちを手助けしたい」との思いを込め、病院や保健所に寄付している。

　東京都八丈町立富士中の野田博之校長は配布教材「富士中、学びのメソッド」のプロローグ（一部）のなかで「先生たちはここで**ピンチをチャンスに**！という発想で自分が興味をもっていること、大好きなこと、楽しいことにこの時こそたくさんの時間をかけて向き合ってほしいと考え、この学びのヒント集を作成しました」「与えられた課題と異なってアクシデントやハプニングにもぶつかるかもしれませんが、**自分の潜在能力を発揮する場**にしていただければと思います」「この独自の探究学習ですごい！なるほど！と感動を与えてくれた方々を朝礼で校長賞‼として表彰したいと思います。富士中生の個性をたくさん表彰できることを期待しています」と述べている。

　同様の点で、大分県立別府鶴見丘高の「学校からのお知らせ」がかなり充実している。休業した2020年4月17日以降5月1日までで74件、連絡事項や各教科等の課題が発信されている。1年部学年通信「清操連舞」は毎日発信されている。入学した直後に休業となり不安な日々を過ごす新入生にとっては何よりの励まし・支えとなる。4月17日発行の第5号（一部）では「学校で一緒に過ごせないならば、今みんなに期待されていることは何か？これを考えることが必要です。今この状況は、みんなにとって『自立していく大

資料

きなチャンス』だと私は考えています。学校に来れば時間割が設定されていて、それにしたがって生活することで、1日の学びが成立します。しかし今は、家で過ごす時間を自分でプロデュースし、自分の力を伸ばしていく絶好の機会と言えます」「かつてペストが流行した 17 世紀、2 年間大学が閉鎖した時に『万有引力の法則』を発見したニュートンのように、自らの頭で"今何をすべきか"を考え実行していくよう願っています」、第 6 号（一部）では「家庭で過ごさざるを得ないこの日々を、どうプロデュースするか（作り上げるか）によって、みんなは成長し、それを通して『ついていく力の質』が変わります。すなわち、**この時期に自分で考え、実行した分だけ、後から自分に返ってくる**ということ。それが分かっている人は伸びていくでしょう（学力も人間力も）」。その後の通信でも「どう過ごし、どう生きるか」を改めて考えさせられる情報や考えが発信されている。

　多くの学校は、教科を中心に復習や予習の課題を教師が準備し、子どもに示しがちである。時間がある今こそ、子どもたちには探究的な課題にも取り組んで欲しい。GIGA スクール構想の実現はそのような学びを後押しするものである。

　この探究的な課題として進めたいのが、「HONDA 子どもアイディアコン

テスト」（https://www.honda.co.jp/philanthropy/ideacontest/）である（**資料**）。今の社会や未来にあったらいいなと思うものをイラストや文、そして立体作品としてカタチにするコンテストである。最終審査まで進むと絵、文、立体作品、プレゼンテーションの四つの表現を体験できる。新型コロナウイルス感染拡大にかかわる様々な報道が日々流されている今こそ、「どうすればウイルスをやっつけられるか」「どうすれば感染拡大や医療崩壊を食い止められるか」「教育や流通にICTやAIがもっと活用できないか」を考えるチャンスである。同HPには、子どもや保護者、教員向けの具体的なお役立ち情報が発信されている。

　ある小学校長は「今回は、今まで当たり前だと思っていたことが、当たり前にできなくなった時、正解のない初めての対応を求められた時、何を根拠、基準にして考え、判断するかが一人ひとりに問われているとつくづく思います」と述べている。2020年度に筆者が行ったアンケートでは同様の意見は多かった。

　子どもと同様、大人にも創造的・探究的な活動のための時間活用を考えさせられる全国一斉の臨時休業期間であった。

「転んでもただは起きぬ」精神で、学んだことを今後に生かしたい。18年前、山口県萩市の中学2年生が、総合的な学習の時間で頑張っている小学校6年生に「『大変』は『大きく変わる』という意味。大変であればあるほど、それを乗り越えたとき、人は大きく変われる」と励ました。私たちもこの災禍のなかで、少しでも成長し、変えるべきことは思い切って変革したいものである。

【602】

子どもが作る感染対策ガイドライン（小学校の総合的な学習の時間）

　新型コロナウイルス感染対策の影響を最も受けている教育活動は、体験活動や身近な地域をフィールドとする生活科と総合的な学習の時間及び学校行事である。

　日本生活科・総合的学習教育学会は2020年度の学会誌において特集「新型コロナウイルス渦中の生活・総合の課題と対応、新たな可能性」を組んでいる。筆者は中学校に関して、山形大学の野口徹教授と共著でまとめた[注]。小中高を通じて、コロナ禍における体験活動に関する創意・工夫や今後に生かせる示唆が得られた。

　広島県福山市立鞆の浦学園の5年生は町の産業をテーマに取り組んでいる。「実際に地域に出かけないと学習にならない」と考えた子どもたちが「町探けんガイドライン」（資料：実際は手書きの物を筆者が整理）を自ら作成し、「ここまで気を付けるので町探検に行かせてください」と校長先生に直談判したのである。

資料

〈町探けんガイドライン〉（福山市立鞆の浦学園5年生作成）

鞆学で産業について勉強することにしました。情報収集するために町探けんがいいと思いました。そのため、たくさんの対さくを考えました。
【コロナ対さく】
行く前に検温（37.0以上行かない）、グループで行く（5人以下で行く）
消毒液（持参）、ソーシャルディスタンス（両手をひろげたくらい）
手洗い・うがい（行く前と帰ってから）、時間を決める
店の外で聞く店の外で聞く、質問を決めて行く、質問以外しゃべらない
なるべく外にいる時間を短くする、時計を持って行く
ルートを決める、役割分担（聞く人・書く人・写真）、カメラを持って行く
【熱中しょう対さく】
水分をこまめにとる、ぼうしをかぶる、と中で休けいを入れる
【店との対さく】
店内に人が多い時は、入らない。店内のものは、あまりさわらない。
店が対さくをしている。行くことがだめなら他の案を提案する。
色々な案を言ってもだめだったらあきらめるか、日を改める

　例えば、【コロナ対さく】では、前半部分は主に厚生労働省から共通に示されていることが生かされている。「ソーシャルディスタンス」は子どもには分かりづらいのか「両手をひろげたくらい」と補足がある。後半の「質問を決めていく」「質問以外はしゃべらない」「ルートを決める」「役割分担」は、店及び全体の調査時間の短縮のための策である。コロナ禍以外でも有効な対策である。暑い時期だったのでしっかりと【熱中しょう対さく】も書かれてある。【店との対さく】も具体的である。「店内に人が多い時は、入らない」「店内のものは、あまりさわらない」などは生活科やこれまでの総合的な学習の時間の経験が活かされている。

　（注）　村川雅弘・野口徹「中学校の総合的な学習の時間の実践上の課題と対応」、日本生活科・総合的学習教育学会編『せいかつか＆そうごう』第28号、pp.33-40、2021年。

【603】

子どもが考える感染対策（中学校の修学旅行）

　2020年度、感染拡大が進むなか、修学旅行を中止または延期した学校は少なくない。2021年の4月時点においても終息の目途が立たず、結局は延期が中止に変わった学校は少なくないのではと心を痛めている。**修学旅行も**「学びの保障」の一つであり、子どもたちにとって当該の学校期間中の最大の楽しみと言える。

　筆者は機会あるごとに「中止や延期を委員会や学校で決めるのではなく、最善の策を子どもたちと考えること」と提唱してきた。それに呼応してくれたのが、福岡市立志賀中学校の知念透校長である。

　2020年11月、「3週間後に京都と神戸に修学旅行に行く」と伺った。京阪神地域も感染拡大が広がり始めた時期である。いつ中止の判断が下されるかもしれない状況である。筆者自身がJRや旅館協会等の感染症対策をインターネットで調べ、**資料1**のプレゼンを

資料1

修学旅行の中止（大人任せでいいの？）

生徒による感染症対策を徹底した
「旅のしおり」の作成の提案

行程（活動等）	公助	自助
11月15日 8時41分～11時32分 新幹線で移動　3時間22分 福山ーひかり531ー広島 広島ーみずほ630ー鹿児島	JR西日本は、何気ない「日常」をめざし、日々車内の消毒作業を行っている。6～8分程度で車内の空気が外の空気と入れ換わる。	常にマスクをします。大きな声で会話しません。飲み物は、人のいない方を向いて、マスクを少しずらして飲みます。手洗いを欠かしません。
11月15日 17時30分～18時 「○○館」入浴 例年より30分長めにしました	《更衣室》 ・ドアノブ、セキュリティロック等の清拭消毒 ・定期的なロッカーの清拭消毒 ・浴場での貸しタオル中止、清潔なタオルの持参を要請	更衣室までマスクをします時間を空けて順番に入浴します静かに素早く着替えますドライヤーの持参を認めてください

作成し具体的に示した。「行程（活動）ごとに担当を決めて取り組み、それを合体させれば短時間で取り組める」「公助に当たるものはインターネットで調べれば出てくる」「自助はこれまでの経験を基に考える」などのアドバイスを行った。

資料2

修学旅行中の予防④-3　ホテルの食事会場

感染予防を行う場面	公序（公で取り組まれていること）	自序（私たちが取り組むこと）
1日目から3日目にホテルで使用する食事会場	・スタッフのマスク着用・手洗い、うがい、体調管理の徹底 ・館内各所に消毒液の設置 ・食事会場には空気清浄機を設置 ・共用施設の利用者人数や時間の制限を設け【三密対策】の実施 ・消毒液でのドアノブ、リモコン・スイッチ類の拭き上げ	①ホテル内移動時は常時マスクを着用する。 ②食事会場に入室する前に設置されているアルコールで手指消毒を確実にする。 ③私語をせず、静かに食事をとる。 ④対面して食事を絶対にしない。 ⑤配膳された自分の食事のみを食べ、友達から食事をもらったり、あげたりしない。 ⑥フィジカルディスタンスを常時保つ。

修学旅行中の予防④-4　ホテルの風呂

感染予防を行う場面	公序（公で取り組まれていること）	自序（私たちが取り組むこと）
1日目から2日目で使用するホテルの風呂	・浴場の清掃時の十分な換気 ・共用施設の利用者、人数や時間の制限を設け【三密対策】の実施 ・消毒液でのドアノブ、リモコン・スイッチ類の拭き上げ	①ホテル内移動時は常時マスクを着用する。 ②持参したシャンプー、石けん類の貸し借りはしない。 ③静かに入浴し私語をしない。 ④入浴中はフィジカルディスタンスを常時保つ。

　資料２は、生徒が作成した「**旅のしおり**」の一部である。他に「新幹線」「バス」「ジャンボタクシー」「ホテルの宿泊する部屋」「（京都市での＝注）物作り体験学習」「（神戸の＝注）南京町」に関して、**公助**と**自助**が具体的に、必要に応じて図や写真入りで示されている。

　食事の様子（**写真１**）は「まるで宿坊のようだった」と笑っておっしゃっていた。３密を避けるために夕食時は、１日の振り返りを行うグループ、風呂に入るグループ、夕食を取るグループの３交代制を取っている。

　知念校長は、修学旅行期間中、携帯から保護者に「修学旅行記」のメールを８回送られている。最後のメール（一部）が「今回の修学旅行期間中、生徒は常時感染予防対策を意識して行動していました。特にホテル内の過ごし方はホテルの従業員の方から褒められました。本来なら楽しく会話しての食事なのに、皆さん話し声一つなく食べてくれて。また、ホテル側も、生徒の履くスリッパに名札を貼る（**写真２**）など、徹底した管理を足下からしてくれています。〜略〜同行していた看護師も感染予防の取り組みに感心されていました。〜略〜帰宅後２週間は、体調管理に気をつけて頂きますようよろしくお願いします。〜略〜保護者の皆様の修学旅行へのご理解とご協力を感謝いたします。ありがとうございました」である。様々な感染対策を事前に伝えたとしても保護者の不安は拭えない。きめ細やかな配慮である。

写真１

写真２

　子ども自身に**感染症対策**を考えさせる意義や効果を次のように考えている。子どもたちは自分たちの思い（例えば、体育祭や修学旅行）を実現するために、必死になって情報を集め、理解し、活用しようとする。結果として、感染症及びその対策に関して正しく深く学ぶことになる。

　また、感染症対策に関しては学校が最も徹底している。志賀中の修学旅行の取り組みから深く学んだのは生徒だけではない。生徒とかかわった多くの関係者にも学びがあった。「**社会に開かれた教育課程**」の一環として、このような社会とのかかわり方があるのかもしれない。子どもたちが身を持って、望ましい感染対策、「**新しい生活様式**」を広めてくれることになるのである。

《寄稿》「修学旅行プロデュース」振り返り（一部割愛・文言整理）

　昨年2月、僕達5年生は「6年生を送る会」に向けて、毎日準備を頑張っていた。しかし、その努力が報われることはなかった。新型コロナウイルス感染拡大により中止となった。卒業式や入学式の参列もなくなった。「きっと1年間我慢ばかりだろうなぁ」と、不安とあきらめの思いで僕の6年生が始まった。案の定、1学期に予定されていた行事はほぼ中止になってしまった。そんな中、修学旅行は、中止ではなく延期と言われた。僕は、「どうせ中止になるだろうなぁ」とあきらめていた。〜略〜

　2学期が始まり僕は驚いた。蒜山への修学旅行を自分達で全て決めると言われたからだ。行程も宿泊先も全て調べて決めて、校長先生に許可をもらうまで、何もかも自分達でする。自分達の修学旅行をプロデュースする事になったのだ。僕は少し楽しみになった。ただ、本当にそんな事ができるんだろうか、どうせ最後は先生が決めるんだろうなぁという後ろ向きな思いも捨てきれないでいた。

　そんな思いのなか「自分達で修学旅行をプロデュースしよう」という総合の時間が始まった。まずは6年生全員を六つのグループに分けた。僕は勉強グループを選んだ。なぜなら同じ市内にも僕の知らない所があるのか調べてみたいと思ったからだ。パソコンで知べたり、先生達にインタビューをして、色々な場所を出し合った。ただ学べるだけでなく、楽しめる所を探すのが大変だった。友達と場所を絞っていくうちに、僕は少しずつ修学旅行への気持ちが高まっていった。僕達のグループが最後に決めたのは「津山洋学資料館」と「鏡野ガラス美術館」だった。決まって安心したが、その後が大変だった。調べたことを模造紙にまとめ、その施設のコロナ対策や選んだ理由などを6年生全員にプレゼンした。しかし、津山市でコロナ感染が拡大していたため、洋学資料館はやめようとアドバイスをもらった。僕は落ち込みかけたが、友達と旅行会社の方と相談しながら、もう一度別のところを探すことにした。そして、「備中鍾乳穴」にいくことにした。もう一度模造紙にま

とめ直し最後の壁である校長先生にプレゼンをしにいった。どんな返事が返ってくるかドキドキした。校長先生からの許可が出たときは、何とも言えないうれしい気持ちになった。〜略〜

　当日、ワクワクした気持ちで大きな荷物も軽く感じた。僕達の考えた勉強施設も、他の友達が考えた所も、全てが新鮮で楽しかった。

修学旅行だから楽しいのか、自分達プロデュースだから楽しいのかはわからなかったが、ただただ楽しかった。〜略〜

　僕達はこの1年、コロナ感染症という大きな敵の前で、様々なことを我慢し、不自由な時間を過ごしてきた。でもその中で、小学校生活最大行事である修学旅行をプロデュースするという大きな夢をもらった。このプロデュースから二つの事を学んだ。

　一つ目は、自分で考えて行動することの大切さだ。今まで僕は自分で物事を決めるのを避けてきた。決められた事をする方が楽だからだ。でも今回、一から考え決定し、行動することで、今まで感じたことのない満足感と達成感を得られた。大変かもしれないが、少しずつ自分の考えを出していきたい。

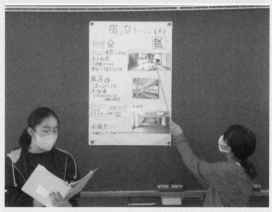

　二つ目は、友達の大切さだ。行き先が同じ市内だったからかもしれない。でも誰もが楽しみ、大満足で帰ってきた。「どこに行くかじゃない。誰とどんな風に過ごすかが大事」そう僕は感じることができた。おなじように辛い思いをしたこの仲間がいなかったら、こんなに充実した時間は過ごせなかっただろう。これからも友達を大切にし「いつどこでどんな風に誰と過ごすか」を胸に歩んでいきたい。

　6年生それぞれが考え、それぞれに多くのことを学び、僕達の「修学旅行プロデュース」は大成功におわった。

令和3年1月　真庭市立遷喬小学校6年生

GIGA スクール構想と視聴覚教育

　メディアは人間の諸感覚を扶ける道具であるが、**視聴覚メディアの進展は凄まじい**。視聴覚情報の画質や音質の向上とそれを送るインターネットの高速化が大きい。インターネットの転送速度はこの四半世紀で64kbpsから10Gbpsと、16万倍の速さである。動画投稿も個々人から簡単にできるようになった。私たちは日々その恩恵を受け、間接的ではあるが、時空を超えて多様な映像情報を得たり豊かな体験を味わったり、自由に送ったりしている。

　一方で、その魅力と手軽さ故に弊害もある。視聴覚情報の虜になり、1日の大半を費やし、生活や学習、仕事に支障をきたす人の存在も見過ごすことはできないし、自らが撮影した映像をネット上に不用意に流し個人情報や肖像権を侵害する危険性も大きい。大きなパワーと魅力を有する**メディアは諸刃の剣**である。それをどう活かすかによって、これからの子どもたちの生活や人生は豊かにもなるし、その逆もあり得る。

　コロナ禍の2020年7月7日に「『GIGA スクール構想』について」が文部科学省より示され、小中学校の児童・生徒への端末の配布と学校の高速インターネット環境の整備が進んでいる。コロナ禍により、以前から指摘されていたわが国のICT教育の立ち遅れの改善が一気に進んだ。

　GIGA スクール構想だけに目を向けると急に降ってわいたように見えるが、わが国のICT教育の歴史は古い。筆者が学部生・院生だった40年前からICT教育に先進的に取り組んでいた学校は少なくない。文部省（当時）は1985年に「情報化社会に対応する初等中等教育のあり方に関する調査研究協力者会議」を発足し、今でも通用する「**情報活用能力**」4項目を提示している。しかし残念なことに、国際比較調査では、わが国の子どもたちは生活や遊びではICTを活用しているものの学習面における活用は大きく立ち遅れていることが示されている。

　今次改訂では、小中高共通に総則で「**教科等横断的な視点に立った資質・能力**」として「各学校においては、児童（生徒）の発達の段階を考慮し、言語能力、**情報活用能力（情報モラルを含む。）**、問題発見・解決能力等の学習の基盤となる資質・能力を育成していくことができるよう、各教科等の特質を生かし、教科等横断的な視点から教育課程の編成を図るものとする」と述べ、改めて「情報活用能力」を先行き不透明な次代を生き抜き新たなものを

協働的に創造していくのに必要な資質・能力の一つとして取り上げている。

　GIGA スクール構想において、特に大切にしたいのは「これまでの我が国の教育実践と最先端の ICT のベストミックスを図ることにより、教師・児童生徒の力を最大限に引き出す」の指摘である。

　30 年ほど前の山形県の小学校で小型ビデオカメラを授業に初めて用いた年配教師のことを思い出す。「私こういうのは苦手です。初めて使います」と言われたが、実に適切な使い方をされていた。算数の授業だったと記憶しているが、子どものノートを撮影し、それを全体学習の際にテレビに映し発表させていた。机間指導中に一人ひとりの考え方・解き方を把握し、それを全体の話し合いで生かすという日頃の指導・支援の考え方・あり方に当時の最先端技術がうまくはまったのである。

　ICT 活用の前提は**授業のデザイン**である。教師の授業力が問われる。ICT 頼みになってはならない。計画された授業のなかで、従来の教育機器・教具・教材と適切に関連させて活かしたい。アナログとデジタル、リアルな体験とバーチャルな体験を効果的に組み合わせたい。改めてこれまで視聴覚教育が積み上げてきた知見が生かされるのである。

　かつてテレビが各家庭の中心的な家具になっていった頃に「**テレビに子守をさせないで**」という言葉が流行となった。そして、このメッセージは今でも言われ続けている。近年は「スマホに子守をさせないで」という言葉が席巻している。文科省は端末の持ち帰りを推奨しているが、ともすれば「モバイルに子守をさせないで」という言葉が語られる日は近いだろう。

　文科省は「持ち帰り」を推奨している。今まで以上に遊びや趣味に活用されること、新たな学力差を生むことが懸念されているが、次代を生き抜く上でモバイルは欠かせない。子ども一人ひとりが学びを拡げたり深めたりし、目標や夢の実現に向けて使いこなせるようになるかが重要である。**学校学習と家庭学習との有機的な関連、各教科等の学びの横断的な繋がりと小中高等の体験や学びの縦断的な繋がりをどう子ども一人ひとりが実現していくかが**求められている。個人内での時空を超えた「**知の総合化**」^(注)の推進が期待される。学校あるいは学校期の学びが実社会や実生活及び生涯にわたり継続的・総合的・探究的に活用できる。

（注）　村川雅弘・三橋和博『「知の総合化ノート」で具体化する 21 世紀型能力』学事出版、2015 年。

【606】

協働学習ツールで実現する「個別最適化」と「協働的な学び」

中央教育審議会は「『令和の日本型学校教育』の構築を目指して」（2021年3月26日）のなかで、Society5.0の到来を迎え、かつ新型コロナウイルス感染拡大などの先行き不透明な「予測困難な時代」がより明確化されたことにより、「一人一人の児童生徒が、自分のよさや可能性を認識するとともに、あらゆる他者を価値ある存在として尊重し、多様な人々と協働しながら社会的変化を乗り越え、豊かな人生を切り抜き、持続可能な社会の創り手となることができることが必要」とICT活用の必要性を指摘し、「**個別最適化**」と「**協働的な学び**」の両立を目指している。

まさに個人間・集団間での時空を超えた「知の総合化」と言えよう。未知の状況においては一人ひとりが様々な知識や技能を駆使し考えたアイデアを持つと共に、それらを伝え合い、協働的に問題解決を図ったり新たなものを創造したりしていくことが求められる。

筆者がこれまでかかわった二つの事例を紹介する。

一つは、2002年度の「**関ケ原プロジェクト**」である。関ケ原町教育委員会との総合的な学習の時間のカリキュラム開発研究で、町内の2中学校と3小学校を繋ぎ、協働学習（当時は「協同学習」）を実現した。「環境」や「中山道」「五平餅」等、学年によって取り組む課題を設定した。「**コラボノート（JR四国コミュニケーションウエア）**」という**協働学習ツール**を活用した。

資料1は二つの小学校5年の成果物の一部である。子ども同士の質疑や情報交換以外に、中学校の教員からのメッセージが見て取れる。総合的な学習の時間において「中学校の教員が小学校の取り組みを知らない」という声はよく聞かれるが、中学校教員が小学校の総合的な学習の時間の活動を日常的に知ることができ、またそれまでの活動を理解した上での参観を実現している。

もう一つは、2003年度に行った「でじたるキッズミュージアム」である。高知県の小学校4校、

資料1

兵庫県の小学校1校、山口県の小学校1校が協力校となり、「防災博物館」「木の良さを活かした物づくり博物館」「萩の町博物館」「ディスカバー昭和博物館」の4館を完成させた。その際にも「コラボノート」を活用した。各小学校の児童が総合的な学習の時間で調べたことを「コラボノート」でまとめる。まず、博物館の「**準備室**」(**資料2**)を作る。写真やイラスト、文章、レイアウト等を遠く離れた鳴門教育大学の学生・院生が「**バーチャル学芸員**」として添削し児童に返す。そのやり取りが何度か繰り返されて、「**展示室**」として完成する。「バーチャル学芸員」が添削した成果物を見る児童に何度も遭遇した。作成した「準備室」を開ける瞬間の、不安と期待が入り混じった表情は今でも忘れない(**写真1**)。

その後、「でじたるキッズミュージアム」は「**コラボミュージアム City**」(https://www.cm-city.org/)に形を変えて存続している(**写真2**)。各教科や総合的な学習の時間、特別活動等の様々な実践の成果が博物館として発信・公開されている。アメリカのスミソニアン博物館をイメージしている。2021年7月時点で31の博物館が軒を連ねている。

GIGA スクール構想が目指す探究的かつ協働的な学びのヒントがある。

資料2

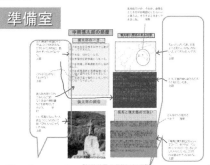

展示品に対する添削（アドバイスモード）

写真1

写真2

【607】

GIGA スクール構想の実現に向けた集合研修モデル

前任校の鳴門教育大学教職大学院では、退職後も「学校におけるカリキュラム・マネジメントの推進」「総合的な学習の時間のカリキュラム開発」「ワークショップ型研修の技法」の3科目を、毎年、集中講義で担当している。「ワークショップ型研修の技法」では、例年は受講生のうちの一人の最近の授業を分析対象にしてワークショップ型授業研究を体験した後、その手法を援用して「幼小連携・小中連携・中高連携・家庭連携・地域連携」といった多様な学校種（学卒院生含む）の受講生を活かしたテーマのワークショップを行ってきた（本書307項）。

2020年度は、受講生（現職21名、学卒7名）のニーズから、**GIGA スクール構想の実現の推進にかかわる研修開発は必須と判断し**、共通に体験するワークショップの課題として取り上げることにした。

連続する2日間（2020年10月10日・11日）の初日午前は、ワークショップ型研修の技法について、テキスト[1]にも触れつつ、理論や実践をプレゼンテーションした。午後は、ICT 教育に長けている徳島県上板町立高志小学校の中川斉史校長及び文部科学省初等中等教育局教育課程課の堀田雄大専門職の二人にZoom によるゲストスピーカーとして登場いただいた。「**GIGA スクール構想**」の背景や趣旨及び**1人1台端末の導入・活用**に際してどのような問題が起こるかを語っていただき、受講生との質疑応答を行った（**写真1**）。

初日午後前半は、各自で想定した課題を付せんに書き、近くに座っているメンバーで整理・絞り込みを行った（**写真2**）上で、全体で整理した。その結果、七つの課題に整理された。取り組みたい課題の希望を尊重した上で、人数のバランス、学校種並びに学卒院生と現職院生

写真1

写真2

のバランスを考慮し、3名から5名で成る七つのチームを編成した。

写真3

　初日午後後半は、チームごとに分かれて、初日午前中の学びや教職経験等を活かして、研修プランの開発に取り組んだ（写真3・4）。テキストを開き、先進事例を参考に開発に勤しむ姿が見られた。現職院生と学卒院生が混ざり合ったチームが多かったが、学卒のハンデを感じさせない協働的で暖かい雰囲気が教室中に漂っていた。

写真4

　2日目の朝一番は、チームごとの最終調整と発表準備を行った。実際に研修の際に行うワークショップの成果物を作成し、それを研修の導入に使うプレゼンに入れようとするチームが多かった（写真5）。初日の講義での「ワークショップ型研修の成功の秘訣の一つは、**研修の冒頭でゴールイメージとプロセスイメージを具体的に示すこと**」が早速生かされている。説明の練習を始めるチームも見られた。

写真5

　十分な準備の後、筆者が懇意にしている全国各地の15名の現職教員や指導主事等を Zoom で繋ぎ。合同の研究会を行った（写真6）。このような取り組みが行えるようになったのは、皮肉なことだがコロナ禍の副産物と言えよう。

　各地からのメンバーは自宅や職場から参加したが、鳴門教育大学のネットワーク環境の問題から受講生は筆者のPCからの参加となった。何れのチームも筆者が指定した研修プランシート[2]に基づき作成するとともに、実際の校内研修での活用を想定してプレゼンテーションも準備していた。各チームのテーマや内容を踏まえ、端末の導入から活用の順に発表してもらった。

　午後は、各地の教員や指導主事等からの質疑・応答や助言を踏まえての加

筆修正に充てた。「授業の翌日に受講生　写真6
以外の他者に伝える」という目的意識が
明確なために初日の完成度が高かった。
先進校の具体事例を元に課題自体を自分
たちで整理するという過程を経ていたた
め、取り組む研修テーマが具体的かつ明
確であったことも大きく影響している。
何れの成果物も小中高を問わず研修を実
施する上で有効なものに仕上がった。

　資料1は開発された研修テーマの一覧（筆者の判断で少し表現を変えた
ものもある）である。成果物の概略を紹介する。

資料1

①ついにやってくる！　タブレットＰＣの導入に備えよう！！～児童の具体的な使用場
　面を想定して～
②みんなですすめる“GIGAプロジェクト”～第2回チーム編成編～
③遊びから学んでみるICT活用
④ZOOMを使ってみんなの心にズーム☆イン！～ICT端末の基本操作スキルの習得～
⑤子どもが楽しい　先生が楽しい　タブレット活用法
⑥資質・能力を育成するタブレット端末の授業づくり
⑦情報リテラシー向上サミット～子ども発！学校・家庭・地域が連携して情報リテラシ
　ーを高めよう～

　①は「学習面」と「生活面」における端末の活用と手立てを出し合い、整
理し共有化を図る研修である。手法として「マトリクス法」を用いている。
　②は全教職員でGIGAスクール構想に取り組むための共通理解と実現のた
めの組織化を図ろうとする研修である。「学習指導（授業づくり）」「学習指
導（オンライン・宿題）」「生徒指導（情報リテラシーのカリキュラム作成）」
「生徒指導（情報モラル・学習規律・ルール）」「条件整備（管理・スキルア
ップ）」の五つが想定されている。初日の堀田氏の話が反映している。
　③は「概念化シート」を用いてデジタルとアナログのメリット・デメリッ
トを整理した上で、各種機能（カメラやGoogleフォト、Scratch、マップ
アプリなど）を使った遊びを体験するワークショップを提案している。
　④はZoomに絞っての基本操作を習得する研修である。
　⑤は各自で実際に授業で使ってみての成果を出し合い、整理し共有化を図
る研修である。事前に配付するための「お願い」も作成してある。プレゼン
ではマトリクスシート例（写真7）も提示している。横軸を「導入」や「自

力解決」等の授業の流れ、縦軸を「実践していること」「実践したいこと・できなかったこと」等としている。

⑥は⑤の中高版である。教科別チームに分かれ、**PC 端末を活用した授業指導案**を作成する研修である。

⑦は同じ中学校区内の小中学校の**児童会・生徒会のリーダーを集めた研修**である。PTA 役員も参加する。PC 端末導入により「困ること」と「よりよく活用するために気を付けること」を子どもたちに考えさせ、各校に持ち帰って、各種委員会で話し合い、全校的に取り組ませる計画である。**資料2**

写真7

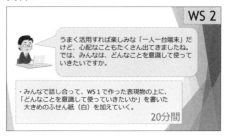

資料2

は子ども用のプレゼンの一つであるが、前半と後半のワークショップを連動させている。

　各地の教育センターにおいては「**GIGA スクール構想の実現**」にかかわる**研修の開発・実施は喫緊の課題**である。本項で紹介した集中講義の内容・構成・手法は参考になる。ポイントを以下のようにまとめることができる。

　①「GIGA スクール構想」の背景や趣旨及び先進事例を講話や事例報告を通して理解する。この時に習得した知識や情報をワークショップで活用する。

　②各自が「悩みごと」「困りごと」を出し合い、課題の整理を行う。

　③②で整理された課題の解決にかかわる研修プランの開発を行う。その際、参加者は一番興味関心の高いあるいは一番貢献できる課題を選択する。

　④開発した研修の相互あるいは他者や専門家による評価・改善を踏まえ完成させ、研修マニュアルと解説を作成し、成果物を共有し、受講生の学校で実行する。

(1)　村川雅弘『ワークショップ型教員研修　はじめの一歩』教育開発研究所、2016 年。
(2)　前掲書「研修プラン（書式）」p.145。

【608】

教師は一流のシェフである

　もう15年以上前になるが、シェフに扮したことがある。筆者だけでなく16名の教員がシェフの出で立ちで書籍に登場した^(注)。

16名の教員がシェフの出で立ちで書籍に登場した^(注)。圧巻である。ジャストシステム社の「ジャストスマイル3@フレンド」の発売に合わせて発刊された事例集である。

　筆者の「はじめに」に代わる「選りすぐりシェフ夢の競演」はGIGAスクール構想を考える上でも参考になる。一部紹介する。特に、「ソフト」と書かれている箇所は「端末」を読み替えていただくといいだろう。

「教育ソフトに関するシンポジウムや審査に関わることがある。『うん！』と感心させられるものもあるが、『うん？』と首をかしげたくなるものもある。私の目の付け所はいつも同じである。そのソフトを活用することによって子どもにどんな力が育つのかである。〜略〜。

　私が教師に求める資質・能力の中で最も重要な力は『概念化能力』である。〜略〜。学校教育の世界では、特に、単元開発や教材研究、授業づくりに求められる力である。教師には『この単元で、この教材で、この授業でどんな活動を仕組んで、どのような力を育みたいのか』をしっかり持っていることが重要で、ソフトやメディアを活用する実践においても同様である。〜略〜。

　授業を料理に喩えると、子どもが客人で、教師は料理人である。学習内容は野菜や肉といった素材である。素材も産地に足を運んで手に入れた旬の新鮮野菜や地物が美味しく栄養価も高い。教師の地域理解や地域との密接なかかわりが大きくものをいう。素材は調理次第でその良さが生かされ、より美味しくなり、かつ十分な栄養価を保つことができる。美味しい料理には子どもたちは舌鼓を打ちながら、その味を楽しみつつ平らげてしまうだろう。もっと食べたいと強く思うに違いない。〜略〜

　今回、本事例集作成の依頼を受けた。本ソフトは理想的な調理法はいっぱ

い詰まった総合ソフトである。今回は各機能を利用した単品メニューではなく、様々な機能を有機的に活用するコースメニューを考えたいと思った。

　つまり、単元レベルで子どもの学びを構成し、多様な『生きる力』『確かな学力』をまさに『芋づる式』に引き出し伸ばしていくコースメニューづくりにかけてみようと考えた訳である。～略～

　総料理長（筆者）の役割は、腕利きのシェフを集めることである。教科や総合の指導に長け、情報教育に明るいシェフを16名集めることができた。調理法を学び合う秋合宿、試作メニューを紹介し助言し合う冬合宿、実践の成果を共有しメニューを完成させる春合宿はワークショップやプレゼンを取り入れて行った。その間も、シェフが相互に情報交換を行うだけでなく、（ソフトの）開発者のアドバイスも得ながらコースメニューを完成させてきたのである。まさに『夢の競演』を実現させることができた。～略～

　そして、本書で活用された調理法（ソフトの機能）が難解でないことは、子どもの姿が示している。子どもたちの『知りたい』『学びたい』『調べたい』『伝えたい』という思いを引き出すとともに、その思いの実現を容易にしている。子どもが教師の期待を超える学びを実現しているのである。子どもが自ら見つけ創り出した素材を自らが調理することを可能にしているのである。各地でミニシェフが誕生している」。

「教師は一流のシェフである」「単元はコースメニューである」という言い回しは講演で時折使う。若い教員には「コースメニューを作れる教師に」と激励する。総合的な学習の時間の研修では「地域の素材を活かした地産地消のコースメニューを」が付け加わる。

　GIGA スクール構想においても重要なことは、高速回線インターネットに繋がった端末が持つ、「様々なことに興味を持つ」「調べる」「撮る」「見る」「聞く」「確認する」「蓄積する」「整理する」「表現する」「伝える」「多様な人と繋がる」等々の多様な機能を生かしたコースメニューを、いかに作るかである。そして、適切な活用の仕方を通して豊かな学びを経験した子ども一人ひとりが自己の学びや成長のための有効なツールとして今後活用していくことが期待されている。

（注）　村川雅弘編『豊かな学びをはぐくむ　ジャストスマイル活用メニュー』
　　　 JUSTSYSTEM、2005 年。

◆終章◆

◆終章◆

新規の情報は「先生の学び応援サイト〜 IMETS Web 〜」で

　新学習指導要領が目指す学校改革・授業づくり、GIGA スクール構想の実現等、課題は尽きない。紙幅と時間の関係で割愛したものもある。新たな動きや有益な事例も出てくることだろう。今後は「IMETS Web」で新規の情報や事例を発信する。IMETS は公益財団法人「才能開発教育研究財団」の「教育工学研究協議会」の愛称で、Improvement of Media Education and Teaching Studies の頭文字を取ったものである。教員向けのフォーラムや教員免許状更新講習を企画・運営している。

　IMETS が「先生の学び応援サイト〜 IMETS Web 〜」を立ち上げた。趣旨は「教員支援に特化した教員のための支援、教育、研修、継続的で新たな学びの場を無料で提供する」である。2021 年 4 月から公開されている。筆者も計 8 本提供している。

　一つは、日本福祉大学の原田正樹副学長との鼎談（司会・進行は同大学の野尻紀恵教授）である。原田先生は社会福祉の立場から、筆者は主に総合的な学習の時間の福祉や防災にかかわる事例を元に、福祉や防災における学校と地域のかかわりの意義や具体的な取り組みのあり方を熱く語りあった（写真 1）。

　一つは、HONDA 技研工業の「子どもアイディアコンテスト」の魅力について、兵庫県たつの市立新宮小学校の石堂裕主幹教諭と愛知県知多市立旭東小学校の八釼明美教頭と具体的な事例を取り上げ、いかに新学習指導要領が目指す教育、GIGA スクール構想に合致しているかを確認しあった（写真 2）。

写真 1

　一つは、「学級開き」の考え方やノウハウである。ここでも石堂主幹教諭と八釼教頭に登壇いただいた。「学級開きの初日ってどんな言葉かけします？」「教室環境はどのように

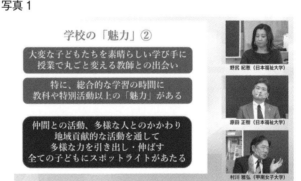

整備していきます 写真2

か？」「初めての授業参観や懇談会、どう取り組んできました？」「初任の時、どうでした？」などの質問に具体的に答えてもらった（**写真3**）。周りの新任教員・若手教員に是非ご紹介いただきたい。

写真3

残り5本は「GIGAスクール構想の実現」にかかわるものである。詳細は同サイトをご覧いただきたい。他の課題に関しても随時提供していく予定である。

気になる視聴方法であるが、URL（https://sainou.or.jp/senseimanabi/）に入り、登録画面から、ID・パスワードを登録し、視聴可能なマイページへ移動する。関心のある動画コンテンツを好きな時に好きなだけ無料で視聴できる。スマートフォンやタブレットでも視聴可能なので、例えば、通勤時間をうまく活用できる。途中で止めても、そこから再視聴できる。今後は、関連資料を添付したり、Zoom等により視聴者との情報交換ができればと考えている。

先生の学び応援サイト
～IMETS Web～

授業に役立つ学びを、
すべての先生方へ。

先生の皆様の継続的な学びを応援したい。

その想いの実現のために、

「先生の学び応援サイト ～ IMETS Web ～」を創りました。

ご協力いただける各分野の講師陣、

その良質な講習を動画や資料、教育情報などを揃え、

継続的な学びを必要とする先生方を

支援していくプラットフォームです。

「IMETS Web」で検索してください。

検索 IMETS Web

https://sainou.or.jp/senseimanabi/

先生の学び応援サイト
～IMETS Web～

4つのポイント

Point 01

教育現場へ、最適なコンテンツをお届けします

教員免許状更新講習制度に初年度から参加している私たち財団だからこそ、
学校現場の身近な問題解決にお力添えできると考えています。

(例:GIGAスクール、ICT活用、プログラミング教育、学級経営、最新の教育情報など)

Point 02

教育工学研修セミナー（IMETSフォーラム）の良質なコンテンツをお届けします

長年、研修、講演会である教育工学研修セミナー（IMETSフォーラム）
を開催してまいりました。そこで培った知見やネットワークをもとに
様々な分野の講師陣からご協力いただき、コンテンツの作成をしています。

Point 03

コンテンツは会員登録(無料)でお届けします

会員登録(無料)で、動画や資料などのコンテンツをすぐにご利用いただけます。
継続的な学びを必要とする先生方に、学びの支援として、
これからも必要な講習をタイムリーに提供していきます。

Point 04

タブレットやスマートフォンでの使用をお届けします

パソコンだけでなく、タブレット、スマートフォンにも対応して
いるので、忙しい時も自分のペースで視聴することができます。
先生方の効率的な学習を手助けします。

視聴までの流れ

視聴していただくのは、とても簡単です。無料会員登録をしていただくだけで、いつでも、どこでも気軽に視聴できます。

①登録
トップページ右上、または一番下の「会員登録(無料)」に
アクセスして、ユーザー登録を行なってください。

②ログイン・視聴
ログインページにアクセスしていただき、
ユーザID・パスワードをご入力ください。

※サイト右側にあるログインボタンを
クリックしてもログイン画面にアクセスできます。

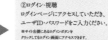

お問い合わせ

公益財団法人 才能開発教育研究財団
Foundation of Research and Studies for Ability Development Education

https://www.sainou.or.jp/entry/contact/imetsweb.html
〒146-0083 東京都大田区千鳥3-25-5 千鳥町ビル

子どもと教師の未来を拓く総合戦略55

2021年9月1日　第1刷発行

著者————————村川雅弘
発行者————————福山孝弘
発行所————————㈱教育開発研究所
　　　　　　　　　〒113-0033　東京都文京区本郷2-15-13
　　　　　　　　　TEL　03-3815-7041（代）FAX　03-3816-2488
　　　　　　　　　https://www.kyouiku-kaihatu.co.jp
　　　　　　　　　E-mail=sales@kyouiku-kaihatu.co.jp
装幀————————長沼直子
印刷所————————中央精版印刷株式会社
編集人————————山本政男

ISBN978-4-86560-543-3　C3037
落丁・乱丁本はお取り替えいたします。
定価はカバーに表示してあります。